ALICIA MOREAU DE JUSTO

MARTA CICHERO

Alicia Moreau de Justo

PLANETA
Mujeres argentinas

Mujeres argentinas
Director: Félix Luna

Diseño de cubierta: Mario Blanco
Diseño de interior: Alejandro Ulloa
Investigación y edición fotográfica:
Graciela García Romero

ISBN 950-742-595-0

Hecho el depósito que prevé la ley 11.723
Impreso en la Argentina

LA BIBLIOTECA DE ARMAND MOREAU

Ella no sabía que esos días eran decisivos. Leyó en los diarios un anuncio del Congreso de Libre Pensamiento que iba a ocurrir ese septiembre de 1906 y se presentó con su padre Armand a buscar las bases, que no eran restrictivas. La misma condición obligaba a los aspirantes y a los delegados internacionales: un trabajo escrito. Pensó en escribir sobre religión pero el secretario que la atendió le sugirió que, siendo maestra normal, trabajara sobre educación. Tuvo curiosidad por saber quién organizaba las reuniones; le informaron que era el ala progresista de la masonería.

Buenos Aires a principios de siglo fue el campo de una guerra santa donde se combatía por almas y territorio. Como los pastores protestantes que seguían a William Morris habían fundado veinte capillas con escuela, algunos católicos levantaron las suyas de la Conservación de la Fe en los barrios amenazados. Acusaban a los pastores de insolencia y acción simultánea y los perseguían o apedreaban sus carpas, esos templos de lona donde ellos leían la Biblia para probar que la Iglesia de Roma no cumplía la letra del texto sagrado. Los que luchaban contra los herejes decían que a esa fuerza anticlerical la financiaba la Gran Logia Unida de Inglaterra. Creían que había una red de sociedades secretas al mando de los mismos hombres preparando un complot mundial.

Logias había desde los tiempos de Sobremonte. La primera fue descubierta un día ventoso, cuando se volaron de la casa de José Tabares unos mandiles y capa magna que el criado había colgado descuidadamente a secar. Y es verdad que las ideas de los masones, puestas en movimiento por la Revolución Francesa y el pensamiento científico del siglo XIX coincidían muchas veces con las de los librepensadores, protestantes, socialistas y anarquistas. Algunas fueron adoptadas por los revolucionarios de Mayo.

El librepensamiento fue una reacción al sectarismo de la Iglesia. Lo integraban grupos contradictorios que se reunían en esas asambleas para dar forma a una doctrina contra el poderoso Catolicismo que se neutralizaba, según consejo del biólogo inglés Julian Huxley, suministrando al hombre de la calle un mínimo de conocimientos científicos. Había una gran fe en el nuevo mundo sin tutelas. Contaba Borges que en un viaje a la quinta de Haedo su padre le había dicho que se fijara en las aduanas, en las banderas, en los uniformes, en las iglesias, en las carnicerías, en los mapas de colores, porque todo eso iba a desaparecer cuando el mundo fuera uno. El podría contarle a sus hijos y a sus nietos que todavía los había visto. Por ese tiempo el padre de Borges leía *El hombre contra el Estado*, un libro de Spencer donde decía que los países ni siquiera debían tener estampillas...

Las primeras reuniones de librepensadores fueron restringidas y teóricas, pero después de 1890 se convirtieron en una "organización de combate" y empezaron a tratar la cuestión social. El belga Jean Fournemont, uno de los delegados que en septiembre de 1906 venía al congreso de Buenos Aires, decía que si la esclavitud intelectual les era odiosa tampoco debían tolerar la esclavitud material. Los masones iban más lejos, juraban la ruina de toda religión y todo gobierno. Eran misteriosos y temibles, corrían rumores sobre sus ceremonias, el compromiso de traición a la patria, la señal secreta para salvarse el uno al otro si se enfrentaban en el campo de batalla: ahí se alistaban "los ánimos turbulentos del siglo".

Quizá por eso, el diario de los socialistas *La Vanguardia* hacía una propaganda cautelosa del congreso.

El día que llegaron Jean Fournemont, Belén Sárraga y Emilio Frugoni vieron unos pedazos de ciudad entre los elevadores que la amurallaban pero nada de la renombrada Buenos Aires; agujas y torres, y un muelle caótico donde había que esquivar vagones y fardos aéreos para llegar a los carruajes que remontaban la cuesta de quince metros hasta el *París Hotel*. Al día siguiente, los hombres del Comité Nacional del Partido Socialista los llevaron a ver las casas de tablón pintado que los genoveses habían construido en La Boca y las residencias de veraneo de la clase alta en San José de Flores, con su club social, su banda, su teatro y baños públicos.

Después fueron a Belgrano, de donde volvieron cruzando el Arroyo Maldonado que era una zanja mientras no lloviera, y algún día iba a llevar el nombre de uno de los guías: Juan B. Justo. Entre Colegiales y Palermo no había nada, muchos perros y muchos caballos. Al barrio de Maldonado pocos se aventuraban, era un barrio de casas malas, muy pobres, de rufianes, donde los calabreses, se decía, habían terminado a puñaladas con los criollos. En el límite del barrio de Carriego y Borges había algunas quintas y hornos de ladrillos.

Volvieron de la excursión a las dos de la tarde, cuando empezaban las sesiones en el *Príncipe Jorge*. La conferencia más esperada era la de Belén Sárraga, una teósofa y librepensadora de Málaga. Era la más notable de un grupo de feministas que actuaron a fines del siglo XIX en la costa mediterránea, de Cádiz a Barcelona, promoviendo la educación de la mujer. Esas mujeres recorrían un país donde la Inquisición se había abolido definitivamente en 1834 y en las zonas rurales todavía se creía que los protestantes tenían rabo; donde clausuraban sus escuelas, consideradas prostíbulos por admitir a chicos de ambos sexos; en tiempos de Alfonso XIII, cuando se discutía si la tolerancia religiosa no traería graves males y se montaban escenografías para las retractaciones de protestantes.

Belén Sárraga tuvo a los enemigos más fuertes y poderosos de la ciudad: al gobernador civil, la Iglesia, los jesuitas, la oligarquía y los dirigentes socialistas. Había fundado la *Federación Malagueña,* una asociación escandalosa que congregaba a todos los grupos marginales y los domingos organizaban mitines antimonárquicos o interrumpían las procesiones gritando blasfemias a los feligreses, que se defendían con garrotes.

Belén enfrentaba tanto las calumnias como los dieciséis procesos judiciales por la campaña antijesuítica en su semanario *La Conciencia Libre*, con volantes distribuidos a mano, en el tono de sus discursos callejeros:

He ahí mi crimen: decirle al pueblo que en las leyes hay escrito un derecho que desconoces y por lo tanto no usas, el de asociación.

Sin embargo, otra cacique de Málaga le ganó la batalla, la marquesa de la Casa Loring, una dama influyente que consiguió la clausura de la Agrupación y el periódico.

Los librepensadores no querían que España sostuviera el culto católico. "Lo que no toleraremos es que se destinen 70 millones a la Iglesia y 7 a la enseñanza en el país más inculto de Europa", decían. Ya la primera "aglomeración de racionales para practicar la vida o sociedad puramente civil", una liga anticlerical fundada en 1882, promovía la educación laica y pedía que cada logia masónica patrocinara una escuela, porque los grupos heterodoxos se ayudaban y cedían las páginas de su prensa unos a otros, para publicar polémicas o anuncios sociales que empezaban a aparecer, no muy frecuentes, desafiando problemas administrativos y discriminaciones:

El día 8 del corriente tuvo lugar la inscripción civil puramente y sin mezcla alguna religiosa de un niño del que tiene la honra de dirigiros las presentes líneas y de Josefa Pabón mi esposa, y le han sido puestos los nombres de Giordano Voltaire Garibaldi...

Belén venía del combate. En Buenos Aires habló sin papeles sobre la paz y propuso suprimir los ejércitos, idea que provocó revuelo entre los hombres cuando la sometió a votación, obligándolos a pronunciarse. Después como mujer les pidió a los librepensadores sinceros que mantuvieran en sus hogares y sus conciencias las ideas que sostenían en los congresos. Y terminó diciendo que no se sometería a la práctica antidemocrática de la limitación del tiempo. El auditorio rugía.

La siguió un famoso orador socialista, Enrique del Valle Iberlucea, que propuso abolir la Ley de Residencia, por la que el presidente podía deportar a un extranjero que atentara contra la seguridad o el orden públicos.

En las actas del Almanaque Anticlerical, un registro de los disertantes da cuenta de que:

Aprobada la propuesta de Del Valle ocupó la tribuna la ciudadana Alicia Morán, profesora normal y delegada de Buenos Aires. Expuso sus ideas generales sobre instrucción pública, piensa que debe darse la enseñanza con método científico, basando todos los conocimientos en la ciencia experimental.

La ciudadana Morán, que presentó uno de los trabajos

más importantes conocidos hasta ahora (22) en este congreso sobre instrucción pública, fue muy felicitada al concluir su disertación.

Alicia Morán era Alicia Moreau. No supieron escribir su nombre, era una desconocida. Tenía veintiún años y se había medido en la tribuna con los popes del socialismo cuando la llamaron sorpresivamente a leer su trabajo de tono épico: *"La Escuela y la Revolución"*. Hasta ese día, acompañaba a su padre a las reuniones de *"Les Egaux"* y otros círculos de obreros que él frecuentaba. Armand no se había acercado a la alta comunidad francesa, sólo un tiempo fue a las asambleas del Hospital Francés; el Club Francés era un club de gente rica que no lo tuvo como afiliado ni como adherente. Cuando terminó la lectura se acercaron a conocerla José Ingenieros, Joaquín V. González y Enrique Del Valle Iberlucea.

El día que fui con mi padre a las oficinas del Congreso de Libre Pensamiento hablé con el secretario, diciendo que quería adherirme para tener entrada a todo eso como curiosa, nada más. Conversamos: quién era yo, qué estudios había hecho, una inquisición. Le dije la verdad. Me respondió que no podía adherirme simplemente, tenía que presentar un trabajo. Yo no veía en aquel entonces otra posibilidad que la religión, pero no había estudiado el tema a fondo. El me dijo: "No, hágalo sobre la educación". Me acuerdo de los libros que consulté con mucha dedicación y mucho interés, había leído un libro de Lebon, un gran filólogo que trataba el tema social. A este hombre yo le tenía una admiración única. Libro de él que caía en mis manos lo devoraba. Hice un trabajo que presenté a la mesa, como me habían dicho, para poder inscribirme, pagar mi cuota. Y estaba allí sentada, una de las jornadas, escuchando con mucho interés porque adhirieron españoles, italianos... y me anuncian para que yo lo lea. Fue uno de los grandes tropiezos de mi vida. Subí a la tribuna, me dieron mi trabajo y lo leí. Me imagino ahora la impresión que debe haber producido al público ver a una muchachita, a una jovencita leyendo un trabajo de esta naturaleza. Yo había estudiado psicología, pedagogía y debe haber sido un trabajo bastante bueno. Cuando terminé se abalanzaron a la tribuna para felicitarme. Y allí es donde conocí a algunos hombres muy, muy interesantes.

Edad, historia familiar y lecturas convirtieron su discurso en un extraño acto de fe: una interpretación descabellada de la Revolución Francesa en la que unos hombres nobles y buenos, muchas veces pintados como feroces asesinos rescataban a otros hombres, casi cavernícolas, temerosos de los misterios, idólatras, seres débiles huyendo en las tinieblas, que temblaban al ruido de sus pasos porque habían vivido hasta entonces bajo el dominio de las fuerzas divinas.

Ochenta años después, seguía tarareando los versos de *La Marsellesa* sin saber por qué. La Revolución Francesa le parecía uno de los más grandes procesos, el que había inventado al ciudadano, un hombre nuevo medido por su talento y su trabajo, no por sus títulos. Qué hubiera sido del mundo si Napoleón no la hubiera sofocado.

Desde chica leí muchas cosas sobre la Revolución Francesa y empecé a tomar una enorme antipatía por Napoleón, por todo lo que representaba la conquista armada, que le permitió a él instalar un imperio que fue para el pueblo francés un enorme desastre. De grande todavía me hago la pregunta: si Napoleón no hubiese existido –un tipo extraordinariamente capaz, valiente, pero de una ambición sin medida– la suerte del mundo sería muy distinta.

Porque él mató lo que quedaba de la Revolución Francesa. Francia volvió a ser una república un siglo después. Si la República Francesa hubiera podido subsistir la situación de Europa habría sido distinta. Ahora, no podemos rehacer la historia deshaciéndola a nuestro gusto, pero hay que buscar la enseñanza. La Europa actual, fragmentada, sería una república europea.

Dejemos andar la imaginación: no hubiese existido el colonialismo, la dominación de Africa que ahora se deshace... ¡Cuánto les cuesta! ¡Cuántas vidas, cuántos sacrificios, cuántos errores! ¡Todo eso no habría pasado si no hubiese existido Napoleón!

Los librepensadores adherían a la lejana Revolución Francesa, al *Contrato Social* de Rousseau, pero Alicia Moreau venía de la Revolución. Sus padres, Armand y Marie Louise de Nanpont eran refugiados de la Comuna de París. Armand había sido movilizado a la guerra franco-prusiana en 1870 y al regresar en el diezmado ejército francés, se había sublevado junto al pueblo de París por la capitulación humillante que firmó el presidente Thiers. La Comuna socialista resistió sesenta días al gobierno de Versalles, sitiada por el ejército prusiano, pero fue aplastada con veinte mil ejecuciones y siete mil deportaciones a Nueva Caledonia dictadas por los consejos de guerra. De esa razzia huyeron Armand y el padre de Louise de Nanpont, que era bretona.

La Comuna había sido un hito en la historia familiar pese a que Armand, como decía Alicia, era joven y no tenía ideas políticas claras cuando ocurrió.

Mi padre tenía veinte años cuando estalló la guerra entre Francia y Alemania. El era parisiense, estaba en las tropas porque era soldado y se vio llevado a esa revolución que se llamó la Comuna de París. Pero él era un muchacho de veinte años, de modo que estuvo así, como tantos otros que fueron tomados en ese movimiento que conoció de cerca y que influyó mucho en su forma de ser y su modo de pensar para el resto de su vida. No fue un comunero activo. Era un muchacho, un soldadito en el momento en que estalla la guerra, que deja la formación del cuerpo armado en que estaba –desaparece– y entonces se ve mezclado con toda la masa de la población parisiense. Pero él aceptó esas ideas con el entusiasmo de tantos muchachos de veinte años. Había sufrido mucho durante el período anterior, porque el imperio de Luis Bonaparte era un desastre, había muchísima miseria, muchísima desocupación y seguían fermentando las ideas de la Revolución Francesa que no se habían agotado. Siempre volvían a ellas, como fuente de inspiración.

No sé si él luchó en las barricadas de París pero sé que él muy pronto trató de escapar a Bélgica. Thiers acabó por entenderse con Bismarck y se instaló en Versalles, donde pudo hacer el Tratado de Paz con Alemania, perdiendo las provincias de Alsacia y Lorena. Cuando los parisienses se encerraron y los prusianos rodearon la ciudad, impidiendo el intercambio de mercaderías, pasaron hambre y por no morirse de hambre comieron los animales del Jardín Zoológico. Todo eso a mí me impresionó, ¡porque contarle eso a un chico! Probablemente mi padre lo contó como un hecho que daba la medida de lo que había sufrido el pueblo parisiense.

Tuvo que escaparse a Bélgica, y de allí a Inglaterra donde conoció a mi madre y se casaron. Ella era hija de un hombre que siendo joven, había participado en la revolución del '48. De modo que por un lado y por el otro se juntaron elementos como para determinar en mi padre y en mi madre una tendencia hacia el cambio social, para no llamarlo revolución, porque ésa es una palabra un poco difícil de definir, y a veces muy equivocadamente.

La huída, primero a Bélgica y tiempo después a Londres donde nacieron los tres hijos –Santiago, Luisa y Alicia– en el exilio, no era un episodio común en la vida de una mujer. Sin embargo el ídolo de Alicia no será la "dulce Louise", será Armand, un hombre derecho y flaco, de bigote y anteojos redondos. Había sido tallador de marfil, de familia de talladores. En Inglaterra, pese a su temperamento artístico, trabajó como cocinero y tuvo la "vana, loca o justa esperanza de encontrar un país donde el tiempo pasado no hubiera establecido barreras". Entonces tomó la decisión de viajar a la Argentina con su familia. Alicia llegó en brazos. Era mucho menor que sus hermanos, había nacido en 1885 y siempre decía que había aprendido a caminar sobre este suelo. En Buenos Aires, Armand instaló una librería en la calle Esmeralda pero se fundió porque los domingos solía llevarles libros a los enfermos del Hospital Francés y nunca los recuperaba.

Aquí mi padre trabajó un poco de todo, también como cocinero. Pero cuando yo ya lo pude juzgar, apreciarlo, ser más su compañera intelectual, él tenía una pequeña librería en la calle Esmeralda, con un socio que era encuadernador. Tenía un gran amor por los libros. Evidentemente fue una vida frustrada, una vida que no se pudo desarrollar. Era un hombre que hubiera debido estudiar pero tuvo que trabajar, había que vivir, tres hijos y una mujer que comían, que vivían en alguna parte. Eso crea una obligación que el hombre no puede eludir. Y entonces lo recuerdo realizando una cantidad de esfuerzos. Lo que más he apreciado en él ha sido ese período, a fines del siglo pasado. Yo tenía pocos años, a esa edad uno no sabe medir las cosas todavía. Sufre mucho la influencia afectiva directa del padre, de la madre, los amigos del padre, que tenían un poco su manera de pensar...

Alicia no recordaba dónde habían vivido los primeros años pero sí el momento en que se fueron a vivir a una casa de departamentos en San Telmo. Iba a una escuela en la calle San Martín entre Lavalle y Tucumán y no quiso cambiarse porque quería mucho a su maestra de segundo grado. Sus padres lo aceptaron con la condición de que caminara de su casa al colegio y ella lo hacía sin problemas. Llevaba una canasta parecida a un portafolios, con dos alas para los útiles: la pizarra y unos lápices especiales con los que los chicos escribían porque en ese tiempo no había "abundancia de papeles". Un día un hombre la siguió hasta su casa, diciéndole cosas que ella no entendía pero que le dieron un miedo terrible. Al día siguiente al salir de su casa lo volvió a ver en la puerta y se preguntó qué quería y se le pusieron los pelos de punta. La volvió a seguir de vuelta a casa y eso la enfureció. Al llegar se detuvo y lo dejó acercarse. Y cuando estuvo a su lado, le dio un carterazo en la cabeza, a la que llegó fácilmente porque sólo era un poco más alto que ella. El ruido de la pizarra, el jarro de agua hicieron mucho bochinche y el hombre se asustó y no volvió más. Por las dudas, ella puso muchas cosas pesadas en la canasta al día siguiente.

Eso me ha quedado a través de los años como la representación de lo que era la situación de la mujer en aquella época. Así se formaba a una chica, bajo el imperio masculino. Desde chica era el hombre el que mandaba, el que la seguía, el que se quería imponer a ella. Si la familia la protegía, podía desenvolverse. Pero si no la defendía, si era una familia numerosa y pobre, esa muchacha, esa infeliz chiquilina podía ser fecundada apenas producida su pubertad. No había ninguna información. La madre, en un momento dado prevenía a la muchacha de que iba a tener menstruación y le indicaba lo que debía hacer. Pero el peligro que podía existir para ella, qué cambio significaba en su vida, eso no, no se hablaba del embarazo y del parto.

Aún en la casa de los vanguardistas comuneros Moreau, sobre un mueble había un cofrecito que habían traído de Europa, y a Alicia se le decía que era ahí donde había nacido. Ella pensó que quizás hubiera un simbolismo en esa leyenda del cofre o del repollo, en ese misterio que era el nacimiento, el desarrollo embrionario... Los creyentes podían decir que el bebé era un ángel pero los padres que no lo eran ignoraban el proceso. Recordando esos detalles insignificantes Alicia creía reconocer el momento en que el conocimiento había entrado aquí, viniendo de lejos, de otros países, a través del Atlántico y cambiando la forma de pensar de la gente.

En mi casa había un cofrecito y mi madre me decía que a mí me habían mandado adentro. Mi padre era un librepensador pero entre serlo y pensar que a los chicos hay que decirles la verdad hay mucha distancia. Y se creía que la ignorancia total de la mujer en lo que se refiere a vida sexual era una especie de protector. Lo que no impidió la maternidad entre mujeres abandonadas.

Alicia era una niña de carácter, que observaba todo con sus ojos chicos y redondos, inquisidora y un poco molesta para Luisa, que contestaba sus preguntas. Luisa tocaba el piano y cantaba. Era una muchacha inteligente pero miraba para otro lado. A Luisa las palabras *"il faut"* le resultaban un poco asfixiantes.

Yo tenía trece o catorce años cuando me di cuenta de que aparecían al atardecer, a las cinco o seis de la tarde, mujeres que estaban muy pintadas, muy adobadas y con un poco de extravagancia en su vestimenta, marcando sobre todo la parte sexual. En esa época las mujeres usaban la pollera larga, que arrastraban. Entonces, para que no se ensuciara, recogían la falda y las que tenían talento para eso, de tal modo que al caminar se les veía la pantorrilla. Y esas mujeres aprovechaban para ceñirse bien, bien el traste y dejar lo más posible en exhibición los senos, que no se llevaban descubiertos sino vestidos, y la parte glútea.

Ese tipo de mujer a mí me llamaba la atención. Las veía distintas de las que yo frecuentaba. Yo empecé a averiguar, a preguntar. Mi hermana era mayor, me llevaba seis años. Y ella me explicó que ellas eran unas mujeres podridas. Esto aumentó mi interés y empecé a mirar un poco más, a darme cuenta. Al volver de noche a casa descubrí que había casas en donde había puerta cancel y estaba la puerta de calle siempre abierta, a cualquier hora y la cancel, con vidrios esmerilados, siempre cerrada. Y vi algunas escenas de hombres. Pero era un mundo tapado porque ¿quién hablaba de eso?

Cuando preguntaba me decían: "Calláte, no hables de esas cosas". ¿Qué me iban a explicar, qué era una casa de prostitución?

Era muy amiga de Armand, más amiga que de sus hermanos. Santiago era diez años mayor. Luisa más frívola, aprendía por entonces a cortar y coser vestidos. Alicia era seria, no muy alegre. Ya desde chica se sentía consustanciada con las ideas de su padre y no quería perder el tiempo. La aburría el trabajo manual que exigían en el colegio, le parecía extenuante. Armand había organizado las tardes del domingo para que lo sobrellevara: ella acumulaba la tarea de toda la semana y se encerraba a hacerlo en el comedor, la habitación común de la familia, mientras él leía en voz alta.

Me acuerdo de una imagen de nuestra vida familiar que ahora ya no existe, cuando los domingos yo me sentaba a la mesa del comedor para hacer mis trabajos prácticos: dibujo, trabajo de papel, ese trabajo manual que se llamaba costura y qué sé yo, para hacérmelo aguantar –yo no tenía ninguna tendencia a esto– mi padre se sentaba al lado mío y me leía. Me leía Darwin y Haeckel, un gran naturalista y un gran darwinista. Yo tengo allí las obras de Haeckel que a veces me leía. Hizo crecer en mí una pasión, una pasión escondida. Un deseo de conocimiento, un respeto profundo por este tipo de hombres que sabían lo que estudiaban, que tenían en sus manos los medios de disección, el microscopio, todo eso.

Ciencia y Revolución Francesa eran el entretenimiento de Alicia. Armand tenía el retrato de un grupo de *communards* ante las paredes del cementerio del Père Lachaise, unos presos que iban a ser fusilados. Ese retrato la impresionó muchísimo, lo conservó hasta la muerte. Cuando visitó París fue hasta ese paredón y recordó a aquellos hombres. El carácter heroico de esa lucha, el gobierno de la *Commune* que habían logrado, la resistencia a los invasores prusianos que bombardearon París y el relato de Armand de cómo se habían refugiado en Montmartre y habían podido instalar unos cañones para defenderse, ejercieron una poderosa influencia sobre ella. La idea de la emancipación popular era una épica, no era el resultado de una discusión; había terminado en la derrota de un pueblo, en el fusilamiento del retrato. Un recuerdo que la siguió durante buena parte de su vida fue el de Louise Michel, una maestra de escuela que luchó junto a los *communards*.

El historiador más admirado por los revolucionarios franceses era Michelet. No había otro más alejado que él de la historia como ciencia. Interrogaba los retratos, reemplazando psicología por humores: Robespierre era un gato, Marat un batracio, la mujer de Felipe V "bien hinchada de mantequilla y de parmesano"; Luis XV, seco; la duquesa de Orleans, agua estancada. Declaraba que era sectario y parcial, que su historia no mantenía un razonable y prudente equilibrio entre el bien y el mal, sino que era franca y vigorosamente parcial para el derecho y la verdad. Ese era el historiador que leía Armand a sus hijos. Una tarde Alicia escuchó cómo había muerto Robespierre y pese a que era uno de los revolucionarios que creía en un Dios interior para regirse y había impuesto el culto al Ser Supremo, la impresionó la ejecución del *Incorruptible*, una muerte que según Michelet devolvió las brillantes carrozas a las puertas de los teatros, y las palabras "patrón" y "señor" que habían sido abolidas:

Con la cabeza envuelta en un trapo sucio manchado de sangre negra, que le sostenía la mandíbula desprendida, en esa horrible situación en que ningún vencido estuvo jamás, cargando el terrible peso de la maldición de un pueblo, Robespierre conservaba su actitud rígida, su compostura firme, su mirada seca y fija. Su inteligencia se ocupaba por entero en planear sobre la situación y en despejar sin sombra de duda lo que había de cierto y de falso en los furores que lo perseguían.

La escena de Robespierre en la guillotina la conmovió. Emprendió por su cuenta los diecinueve tomos de la *Historia de la Revolución* de Michelet y adoptó su tono, maravillada con el acto de Chaumette, el hombre que había creado el Asilo de los Hijos de la Patria para adoptar a los hijos de los ajusticiados. Chaumette era del ala izquierda de la Revolución, había cerrado iglesias y entronizado a la diosa Razón en Notre Dame. Para Alicia entonces no había otra batalla que la de la Fe contra la Razón: "Pobre Razón", decía en su trabajo para el Congreso de Libre Pensamiento, "¡tan largo tiempo sofocada, lacerada, torturada! Debías esperar ese gran despertar de todo un pueblo para que un puñado de valientes te alzase como soberbio reto al pasado, como llamada al porvenir sobre el trono mismo de tus tiranos".

Era la perfecta anticruzada de Buenos Aires. Tenía una convicción desmedida en aquellos decretos de 1792, que ordenaban la redacción de buenos libros de enseñanza basados en los progresos científicos o los que habían fundado la Escuela Normal, la Politécnica, el Instituto. Una vez vencida la tiranía de los dioses, no habría más obstáculos. "Si ha caído este poder, inmenso en una época; si la humanidad se ha curado de uno de sus mayores males ¿cómo no ha de curarse de los otros? Curará del dogma patriótico, desaparecerán las desigualdades sociales, surgirá la aurora de paz y de felicidad para los hombres cuando estos sean mejores, más inteligentes, justos y altruistas... cuando sea posible la educación realmente científica."

Armand era ateo. En aquellos años ella creía que si él era un hombre tan excepcional, todos los ateos debían serlo. Y confirmó su certeza al escuchar a Belén Sárraga. La siguió a todas las conferencias que dio en Buenos Aires una vez que terminó el Congreso, con la corona a Bernardino Rivadavia en la Pirámide de Mayo y un banquete para doscientas personas en los salones del hotel.

Cuando traté a Belén Sárraga el mundo cambió para mí, se amplió mi visión social y principalmente sobre la mujer y sus derechos. Fue una mujer extraordinaria, en España eran los tiempos de Alfonso XIII y ella era partidaria de la mujer en la política.

Belén era una anarquista que admiraba a Cristo, como Alicia –que lo llamaba poeta de la moral– aunque decía que la conciencia moderna ya no podía responder a su ética. Su teoría era que la Iglesia tenía a la mujer amarrada a los prejuicios y ella era el instrumento de dominación. Una serie de ritos demarcaban su vida. En el bautismo, como una entregadora, oscurecía el cerebro de su hijo proyectándole sombras propias, haciéndolo pesimista, quebrando sus ilusiones y su inocencia; lo anotaba en el torneo de elegancia de la comunión y luego lo preparaba para el matrimonio, que no era más que una especulación, un trueque del hombre que necesitaba un ama de llaves y de la mujer que no podía andar sola por la vida y se casaba a cambio de protección. Así transcurría la vida de sacramento en sacramento, sin vínculos reales. Ella proponía luchar por la libre unidad de afectos, sin lazos indisolubles y crear una asociación permanente por el divorcio para disolver los que hubiera.

Belén Sárraga dio conferencias para el Centro Socialista Femenino en Unione e Benevolenza y no fue demagógica con su género, decía que la mujer era reacia a la ilustración.

El marido inicia una conversación superior, seria, con su esposa; ésta lo atiende en silencio. Luego responde: ella desea una flor, un vestido, un sombrero. La ciencia de la conversación es declarada en bancarrota por la superficialidad de la consorte.

La mujer vence con la súplica. Ella no manda, no es impe-

rativa; se insinúa, pide, llora. Vence, por eso gobierna en los hogares, por eso su voluntad es la que rige. El hombre no lo siente, se apercibe tal vez demasiado tarde.

El feminismo que predicaba era un nuevo reparto de los roles sociales de la mujer y del hombre, una nueva concepción de la familia sin la autoridad omnímoda del padre, el absolutismo contra el que luchaba también en política, que imponía la voluntad de uno sobre todos. Luchaba por la igualdad de los sexos como su marido Emilio Ferrero, que fue su más valioso auxiliar en la Federación.

Con los años, Alicia creyó haber sido su amiga. Belén la alentó a fundar un partido feminista, y a activar en los grupos obreros. Modestamente, decía Alicia, ella había iniciado el movimiento feminista en la Argentina por esta sugerencia de Belén –"cuando uno es joven no mide ni el alcance de sus esfuerzos ni de su capacidad y se lanza a cosas tan irrisorias"– creando el Centro Feminista de 1906, que tuvo poca vida. Era un centro para la conquista del voto que pasó inadvertido, donde conoció a Sara Justo, la primera dentista de la Argentina y hermana de Juan B., y a Elvira Rawson de Dellepiane, una de las primeras médicas. "Fue sólo un momento de curiosidad y entusiasmo, que no duró tanto", confesaba. "Esos movimientos necesitan una amplia respuesta en el medio social. Si no, es como llamar a una puerta y que nadie conteste".

La anarquista era una oradora de barricada. En aquel tiempo sin altoparlantes la gente se arrimaba a la tribuna para escuchar a los oradores y sólo podían hacerlo los que estaban cerca. Alicia no se atrevió, tenía una formación más científica, para la cátedra, y las mujeres todavía no hablaban en los actos callejeros, eso recién comenzó con el socialismo. "Las mujeres entonces ponían su inteligencia en llevar con una mano la cola de su vestido y dejar que se viera la pantorrilla de vez en cuando. Usé una sola vez esos vestidos."

Belén Sárraga, que había tenido esa vida intensa hasta su llegada a Buenos Aires, estuvo en el Congreso de Librepensamiento representando a la logia Virtud y esa fue la última actividad pública de la que hay noticia. Desapareció misteriosamente de la historia política a su regreso a España como si esta ciudad le hubiera hecho un mal efecto.

EN BUSCA DE LA VERDAD

No era una casa común la de los Moreau. El folletín diario era la revisión del caso Dreyfus que propiciaba el nuevo jefe del servicio secreto francés, coronel Picquart. Había descubierto que la deportación perpetua en la Isla del Diablo a la que había sido condenado el capitán judío era injusta. La única prueba que había contra él era caligráfica: su letra aparecía en un memorándum de los alemanes, y Picquart halló una tarjeta del agregado militar Esterhazy que probaba que él era el verdadero traidor. Súbitamente lo destinaron a un puesto de frontera en Túnez y antes de partir, temiendo que lo eliminaran, Picquart reveló el descubrimiento. Francia se dividió en dreyfusistas-antidreyfusistas, que era en realidad una discusión sobre la forma de gobierno entre monárquicos que querían restaurar la monarquía, y republicanos, que veían en la avanzada antisemita una venganza por el recorte de poder a la Iglesia desde la Revolución. Esterhazy pidió una corte marcial que lo absolvió. Fue entonces cuando el ídolo literario de Alicia, Emile Zolà, escribió en *L'Aurore*, el diario de Clemenceau, la carta al presidente bajo un gigantesco "*J'accuse*" y debió huir a Inglaterra.

Los franceses siguieron el proceso en Buenos Aires, que terminó en la rehabilitación de Dreyfus. Los jóvenes, decía Alicia, habían comprendido que detrás de ese asunto había una verdad revolucionaria. Quedó impresionada por la tenacidad de aquellos grandes hombres detrás de la verdad.

Fue una temporaria derrota de los conservadores que celebraron los Moreau, un triunfo del movimiento pacifista y antimilitarista que logró promulgar las leyes de separación de Iglesia y Estado y la prohibición de enseñar a las órdenes religiosas. Alicia decía que en ella se había clavado entonces esa aspiración permanente por encontrar la verdad.

De este hogar de comuneros, de esta biblioteca llena de libros prohibidos para las jóvenes de su edad, salió una adolescente arrogante y discutidora, apartada del mundo de sus compañeras de colegio. Fue al Normal 1 de la Avenida Córdoba frente a Obras Sanitarias. Con un casquete que la distinguía iba sola por la calle desde 1898, cuando tenía trece años. "No me respetaban por ser una dama. Me respetaban porque usaba sombrero", decía recordando la travesía. El sombrero era la señal. No era una pobre, tampoco una callejera.

Esa adolescente Alicia Moreau era bastante fastidiosa. Porque era, no sé si por herencia o por educación bastante discutidora. Nunca estaba de acuerdo con las cosas si no las entendía. Y eso me ha seguido el resto de la vida sin que yo lo haya podido corregir. Y así era. Con mis profesores tenía discusiones; con los alumnos, discusiones. No me sometía.

Pienso en la influencia familiar y sobre todo, en la influencia familiar de la educación. En mi padre, leyéndome a Darwin mientras yo era estudiante de la escuela normal y mientras me sometía a esos trabajos que yo encontraba idiotas, de doblar una hojita para sacar un cubo. Pero lo tenía que hacer porque era el trabajo de la escuela. O de hacer una costura, vainillas y otras cosas que tuve que aprender y he olvidado porque ahora la máquina hace todo eso, ¿no es cierto? Es mucho mejor. Es muy posible que todo eso haya dado una modalidad especial a mi naturaleza, era naturalmente bastante discutidora.

En cuarto y quinto año tuvo como profesor de Instrucción Cívica y Moral a Hipólito Yrigoyen. Alicia siempre recordó, pidiendo disculpas por ese recuerdo, su "hermosa silueta", la entrada solemne al aula, sin apresuramiento, con la galera y el bastón en la mano que dejaba en un rincón sobre el escritorio, la forma distinguida de sentarse. Había un intercambio de cordialidad para empezar, que Yrigoyen sabía utilizar admirablemente. Ya era un personaje político rodeado de misterio y las alumnas lo admiraban.

Hipólito Yrigoyen era un hombre alto, erguido, muy buen mozo, no de cara linda pero imponente, un hombre que se imponía. Le acompañaban todos sus gestos. Porque hay hombres altos y buenos mozos que no tienen el gesto lleno de energía y de convicción que él tenía para hablar. Entraba en la sala de la escuela con su sombrero, su bastón –que no le servía, como el mío porque caminaba muy bien– se sentaba en pequeñas plataformas que tenían los profesores y empezaba a hablar. Hablaba muy poco, generalmente nos proponía un tema.

El texto que usaba era la *Historia de la Filosofía* de Balmes, una "al estilo papal", según Alicia, de la que se apartó enseguida porque le resultó incomprensible. El tomaba del texto algunas grandes frases, trayendo siempre un recuerdo histórico, pero prefería que las alumnas investigaran otros temas, cómo eran las elecciones por ejemplo.

Nosotras teníamos que buscar información en la biblioteca. Ya conocíamos su manera de ser. Cuando una alumna hacía una buena exposición le ponía un diez y ese diez se lo corría hasta diciembre. Pero eso se descubría después. Al empezar amenazaba con que no pensáramos que se podía estudiar una vez y nunca más. El admitía mucho la discusión, la proponía pero no intervenía. Las alumnas que tenían la condición de discutidoras charlaban entre sí y él presidía, como un patriarca joven.

Alicia había leído *Las sociedades primitivas* de Letournau, un libro de la biblioteca de Armand, y eligió un asunto que no se trataba en los estudios de la época: la antropofagia. Dio una clase detallada a sus compañeras sobre las costumbres de las tribus australianas y africanas, satisfecha con su pequeño escándalo. "Como en otros casos, resulté ser la alumna que más se había distinguido", diría.

Después de clase la citaron a dirección. Querían saber por qué había elegido el tema, quiénes eran sus padres, qué carrera pensaba seguir. "Tenía alguna facilidad de palabra", y les dijo que pensaba estudiar Medicina, la carrera que cursaban Cecilia Grierson, Elvira Rawson, Petrona Eyle. Pero a su amiga y compañera de banco no le fue tan bien.

Mi compañera de banco, Emelina Magnet, a quien yo quería mucho, hija de franceses también y de quien fui muy amiga hasta que murió, también participó. Yo la incitaba siempre a que ella hablara, que hablara, que hablara. Un día tuvo una bolilla sobre la familia y ella la tomó.

Entonces le presté un libro de antropología de Paul Letournau que tenía mi padre en su biblioteca, sobre el despertar del darwinismo. Y ese hombre había comenzado el estudio de la familia en los animales y lo seguía después en los grupos humanos inferiores. Ella se entusiasmó con eso y yo también. Las dos estuvimos leyendo todo lo que pudimos de ese libro. Hizo su ex-

posición. Yrigoyen le aguantó con un gesto lo de la familia en los animales, la familia en los pájaros. Pero no podía ser porque era de origen divino, y ella en vez de empezar por Adán y Eva empezó con los sapos y las ranas. Después ella habló de la poligamia y de la monogamia. Entonces él le cortó la palabra y le dijo: "¡Basta señorita! ¡Lo que usted está diciendo es profundamente inmoral!" Entonces yo, indignada, la empecé a defender. No le hablé del darwinismo pero yo había leído a Darwin y antropología y cómo se estudiaban las razas. Como él me respetaba bastante, no sé por qué, probablemente porque yo le discutía mucho, terminó la clase. El me prestó muchos libros. Yo le gusté intelectualmente. Eramos muy amigos hasta que pasó eso que acabo de referir, y que muestra lo que era la moralidad y la hipocresía de la época.

Yrigoyen sabía distinguir a los alumnos dispuestos a investigar y les prestaba sus libros para discutirlos con ellos. A Alicia le daba libros de Derecho. Cuando se enteró de que por razones económicas estaba por dejar los estudios le consiguió una ayudantía en Ejercicios Físicos, a la que tuvo que renunciar enseguida porque a pesar de haber transpirado sobre los libros para la primera clase teórica, las alumnas de segundo año se rebelaron contra la joven "profesora" de cuarto, apenas dos años mayor que ellas, y la rechazaron. Al año siguiente fue ayudante de Química en el laboratorio.

La amistad con Yrigoyen siempre fue tensa. Cuando él le dijo que tenía "una estrella en la frente que le había puesto Dios" ella, atea por todos los costados, creyó que se burlaba. Pero a él le divertía discutir sobre el matrimonio, los hijos y los derechos del ciudadano y la citaba fuera de hora a dirección.

Yrigoyen era muy amigo de la directora, la señorita Gramondo, muy poco dotada intelectualmente pero muy dotada cristianamente. Era muy católica y traía a ese obispo que siem-

pre estaba en conversación con ella, una sombra negra que vivía sobre los profesores, los alumnos, un filtro para no dejar pasar ninguna de las ideas modernas que podían entrar en la escuela. Yrigoyen iba allí a conversar y luego conversaba con la vicedirectora. Se lo cuento porque era una broma, métodos que él empleaba. El hablaba bien, era amigo de las frases y palabras abstractas, no accesibles. Y a las dos señoritas las tenía embobadas. Antes de venir a clase tenía una media hora de charla con ellas. Y nosotras, con la malicia que tienen las muchachas a esa edad...

Detrás mío se sentaba una chica que era muy bonita, era la chica más bonita de la clase, pero bastante ingenua. Era muy buena, yo la quería mucho. Y entonces la empujé a que diera una clase. La dio y le fue bien. El se fijó en ella. También la hizo bajar a la Dirección, porque a las alumnas que él distinguía las llevaba a dirección y delante de la directora les echaba un sermón. ¡Todas las cosas que ese hombre me dijo sobre lo que yo debía hacer, lo que yo debía estudiar y cómo trató de conquistarme a través de los elogios! No recuerdo que nadie me haya elogiado como él, así, frente a frente. Y eso a mí me fastidiaba mucho porque me parecía que me tomaba el pelo. Y a la muchacha la conquistó así. Pero la conquistó de verdad. Esa pobre chica acabó por tener un hijo con él. Me parece que se llamaba Rosalba. Esa chica fue un drama en la familia. Y él la pudo llevar a una estancia que pertenecía a una señora que era por el estilo, pero como era casada y de más edad, era un resto de una aventura.

Eran los años del fraude, cuando ganaba elecciones el que tenía más escrutadores y los votantes se cambiaban cien veces de ropa y de documentos. El Partido Socialista se presentaba siempre a elecciones, en un ejercicio de "educación cívica". La Unión Cívica Radical conspiraba contra los gobiernos fraudulentos.

Después de la revolución radical contra Quintana en 1905, a Yrigoyen le prohibieron enseñar pero de todas maneras volvió al colegio varias veces. Un día se cruzó a Alicia Moreau en las galerías y ella lo saludó aclarándole que no confundiera un simple saludo con adhesión: le hizo saber con especial énfasis que ella no veía relación entre enmiendas legales y motines. Lo ofendió muchísimo. Con mucha solemnidad él le pidió que no volviera a dirigirle la palabra.

Alicia no se arrepintió. Permanece como un misterio si su intención fue ofenderlo o llamar su atención, ella siguió diciendo: "Nunca me pareció que él tuviera razón en sublevar. Mis argumentos seguramente no debieron ser muy importantes. Tan solo evidenciaron que era una enemiga de la violencia como medio de transformación social".

Al final de su vida decía que su espíritu combativo la había enfrentado con él, pero que finalmente habían llegado a ser amigos. Y no había sido así.

En el Normal 1, dos profesores la iniciaron en el darwinismo, Delio Aguilar y Eduardo Holmberg, o coincidieron con ella, que estaba familiarizada con los textos de Darwin que le leía su padre. "Tuve como profesor a Eduardo Holmberg. Era darwinista como yo, por eso nos entendíamos tanto. Ser darwinista en ese colegio era una herejía."

Holmberg era médico pero nunca ejerció su profesión. Quedaba de su primera vocación la chapa que su padre había amurado el día que el hijo se recibió, en el caserón de Cerrito al 800. "La dejo porque esto lo complacería si la pudiera ver", decía. El, como Darwin, se había dedicado a la investigación y la literatura, a los viajes patagónicos. Enseñaba Física y Química en la Escuela Normal de Mujeres, pero siempre se alejaba de los temas del programa para discurrir sobre arte y filosofía. Era un sabio muy popular, que llevaba al aula sus propios materiales y prolongaba las lecciones en su desordenado gabinete. Fumaba hasta quemarse los bigotes y explicaba la clase en medio de la humareda. Las solapas de su levita siempre estaban grises de ceniza, porque lo único que él necesitaba del traje eran los bolsillos. Viajaba en tranvía con canastos llenos de flores o arañas que le juntaba su alumna Cecilia Grierson en Concepción del Uruguay, después de las lluvias.

Lo que tuvo más influencia sobre mi formación y que al fin me llevó a estudiar Medicina fue el darwinismo. Mi padre era un profundo admirador de Darwin. No creo que conociera muy a fondo su doctrina porque para ello se necesita ser un naturalista y mi padre, en toda la vida que llevó, tan accidentada, no tuvo oportunidad de formarse así. Pero él tenía sus obras, que yo conservo, y las empecé a leer. Para mí fueron una verdadera revelación. Me abrieron un mundo que yo no sospechaba: el de la naturaleza, todo eso que, criado en una ciudad, uno no conocía. Sabía que había peces, porque a veces se comían. Y que había aves, porque alguna vez veía alguna. Pero no sabía de la relación que podía existir entre todas esas etapas de la vida. Y tuve la suerte de tener un profesor, Holmberg, el director del Jardín Zoológico, que era un naturalista apasionado y extraordinario, un hombre de una extraordinaria sencillez. Y lo sentía apasionado por lo que él sabía y enseñaba. Esa pasión lo llevaba a hablarnos de algo que no era su materia, la mineralogía, que a él no le interesaba mucho. De cuando en cuando hablaba de eso pero después se desviaba y llegaba a la historia natural, que a mí me apasionaba.

La bomba darwiniana había detonado en Buenos Aires en la década del ochenta. Cuando murió Darwin en 1882, el Círculo Médico Argentino le hizo un homenaje en el Teatro Nacional, que desbordó. Tres mil personas se apretaron en los pasillos y tomaron las calles. La historia probó que había razones: la enfermedad desconocida que mató a Darwin era argentina, el Mal de Chagas. El viejo Sarmiento y el joven Holmberg recordaron al naturalista que había llegado a Patagones a bordo del *Beagle* y decidió atravesar la Argentina peligrosa de aquellos días. Para pedir un salvoconducto hacia las postas se reunió con Rosas que, en el campamento a orillas del Río Colorado, no había sonreído en toda la entrevista. Llevaba en su expedición a dieciséis hombres de ciencia y desconfiaba de los exploradores que levantaban mapas cuidadosos de la tierra, útiles para evaluar recursos e inversiones en otras naciones.

En la Argentina los primeros lectores de *El origen de las especies* fueron Guillermo Enrique Hudson y Francisco Muñíz, que años después fue corresponsal de Darwin. A él le pidió desde Inglaterra informes sobre la vaca ñata. Pero la explosión ocurrió cuando se convirtieron al evolucionismo Sarmiento y Holmberg. La teoría darwiniana fascinó y fanatizó a los intelectuales de la época. Eduardo Holmberg firmaba su libro *Dos partidos en lucha*: E.L.H. Darwinista. La Iglesia incorporó el evolucionismo muchos años después a su *Enciclopedia Vaticana*, pero en la aldea tradicional y católica de aquel tiempo fue muy resistido. Holmberg decía para apaciguar los ánimos que exponer una doctrina científica no significaba atacar a nadie en sus creencias. "Ciencia y religión significan una dualidad perfecta y aislada."

Darwin y Marx siguieron siendo los héroes de los socialistas. Cuando viajaban a Inglaterra, era obligado visitar dos cementerios, el de Highgate y el de la Abadía de Westminster. En Highgate está la tumba de Marx, una lápida de granito rodeada de césped y un rosal de rosas rojas de donde arrancó una flor como recuerdo para su herbario el socialista Enrique Dickmann.

En la Abadía de Westminster, panteón nacional de Inglaterra, entre Dickens, Tennyson, Shelley y Walter Scott, al lado de Newton está Darwin. ¡La tolerancia del clero anglicano!, clamaban los socialistas. El hombre que a bordo del *Beagle*, en cinco años de estudios había construido la teoría mortal de las tradiciones bíblicas y religiosas, descansaba allí. ¿Cuándo aceptaría el clero católico que los restos de Florentino Ameghino, discípulo de Darwin, reposaran en Luján?

La biología se desparramaba por todas las materias desde fines del siglo XIX, se ligaba estrechamente a la política. Pero cuando su padre y los profesores pusieron a Alicia en contacto con Darwin, el naturalista no era tan frecuentado por los positivistas argentinos. La ciencia política todavía no incorporaba la idea del progreso indefinido que traía el evolucionismo. Esa fe en el progreso irremediable a causa de la ciencia la sostuvo muchos años, hasta que el escepticismo entró en ella por endósmosis, como le hubiese gustado explicar a Alicia: "Yo continúo cada vez más profundamente convencida de que es el conocimiento y el respeto de la verdad, de la justicia y de la libertad lo que en definitiva ayudan al hombre, productos todos de la evolución moral de la especie".

En la escuela de la calle Córdoba se recibió en 1905, después de siete años, cinco de magisterio y dos de profesorado de ciencias, sin haber conocido a Alberdi ni a Sarmiento, decía. Rivadavia no había sido en la historia que aprendió el personaje que realmente fue, un hombre que había nacido con dos siglos de adelanto, como Sarmiento. Desde la frase "educar al soberano" no se había dicho ni se había hecho nada superior. Eran espíritus dotados para tomar algunos elementos de la realidad y comprenderlos porque la realidad está allí pero hay que saber medirla. Algunos pueden hacerlo, otros no. Entre la mentalidad de Sarmiento y la mentalidad de "ese riojano Facundo Quiroga" qué distancia, dos mundos.

Y entonces lamentablemente nosotras, maestras, nos formábamos con todo lo viejo, lo tradicional, todo lo que no modificaba el nombre de bien pensante de la gente que iba a las procesiones; había muchos que entonces iban a misa.

La influencia norteamericana no era oficial porque había que cumplir la ley 1420 y aunque en la Escuela Normal 1 donde yo me formé había muy buenos profesores, como el hijo de Alejo Peyret, el gran positivista. El espíritu que pudieron traer las mujeres americanas que introdujo Sarmiento para que tomaran en sus manos el proceso se apagó muy rápidamente.

Al año siguiente, Alicia asistió a las clases libres de Psicología Moderna y Lógica de la Facultad de Filosofía y Letras; como siempre la hija favorita, la que aceptaba sus consejos, impulsada por Armand.

Mi padre, que siempre había conservado su deseo de estudiar, de trabajar, de informarse, había descubierto en la Facultad de Filosofía y Letras un curso de Psicología que era dictado por Horacio Piñeiro, que fue quien introdujo aquí el estudio de la Psicología Experimental. Creó un laboratorio de psicología. Mi padre, que no era creyente, quería saber, quería comprender. Eso está ajeno a los que creen. Porque podríamos dividir a los hombres entre los que creen y necesitan creer y los que no necesitan creer. Eso no ha desaparecido, como se ve en Asia y los movimientos de fanatismo religioso, esa masa de hombres que necesita creer ciegamente. Entonces él me empezó a entusiasmar con ese curso y en cuanto pude, habiendo terminado el curso normal, ir a esas clases, fui con él y seguía el curso con muchísimo interés. Tanto interés que al mismo Piñeiro le llamó la atención, me interrogó, me hizo hablar en las clases y por fin me incorporó al laboratorio de Psicología Experimental que funcionaba en la Facultad, donde se hicieron las primeras encuestas, que entonces eran una novedad, para averiguar qué cuestiones les interesaban a los sujetos, y yo muy contenta de trabajar en eso.

La Facultad de Filosofía y Letras de la calle Viamonte era un lugar donde se discutía con absoluta libertad. Ese primer laboratorio era el único que existía en la república, estaba en formación. Había muy pocos alumnos, menos aún egresados de escuelas normales. Alicia también se inscribió en un curso de Lógica que le resultó muy interesante. Ya era profesora, ayudante del laboratorio del doctor Piñeiro, quien le demostraba estima y no se molestaba cuando ella discutía alguna cosa, a diferencia de otros profesores. En ese momento Alicia leyó el anuncio del Congreso de Libre Pensamiento, le interesó enormemente y fue a inscribirse con su padre.

En el Normal había tenido como profesora a Elvira López, una de las primeras doctoras en Filosofía y le interesaba esa materia por encima de todo pero, "creyendo en la necesidad de combatir el dolor humano", decidió inscribirse en Ciencias Médicas. La Facultad de Medicina ese año estaba cerrada, la habían cerrado por un problema con Juan B. Justo. Armand debe haber temido que 1906 fuera un año perdido.

Los estudiantes, que siempre han sido revoltosos, unas veces pudiéndolo y otras no, habían decretado una huelga para protestar contra la exoneración de tres profesores que habían a su vez protestado por la eliminación de la terna de Clínica Médica de un excelente clínico. Y esos profesores adjuntos eran Juan B. Justo, Nicolás Repetto, Samuel de Madrid. Las coincidencias de la vida, ¡tan lejanas unas de otras!

La Academia de Medicina que era, como suelen ser las academias, muy reaccionaria –hay que agachar la cabeza, si no las cosas andan mal– los eliminó. Los estudiantes se declararon en huelga y para castigarlos cerraron la facultad por un año.

Esto me permitió pasar en el Colegio Nacional Central los exámenes que completaban mi curso normal porque yo no era bachiller, era profesora. Y eso fue para mí bastante difícil porque mis padres no podían pagar profesores particulares y tuve que estudiar Física y Química por mi cuenta. Pero en fin, pasé la "horca caudina", me hice bachiller y me pude inscribir en Medicina.

Un libro de Armand había desviado su camino hacia la filosofía y el anarquismo: *La clase obrera en Inglaterra*, de Federico Engels.

Era una gigantesca estadística hecha en 1845 sobre la situación de la industria en Inglaterra anotada por estampas que bien podían ser de Dickens. Por esos años se publicaron *Oliver Twist*, *Nicholas Nickleby* y *David Copperfield*, donde aparecían los aterradores *workhouses* que Dickens había conocido cuando su padre fue a la cárcel de Marshalsea, la de los deudores insolventes. Se había promulgado en Inglaterra una Ley de Pobres que suprimía toda la ayuda que se les daba –basada en la teoría malthusiana de la población superflua: para evitar la superpoblación no hay que combatir la indigencia– pero se mantenían estos albergues en un estado repugnante, para que sólo fueran los casos extremos. Los hombres picaban piedras todo el día, las mujeres y los niños tiraban los cables de los barcos. Se lavaban los utensilios en los recipientes de orina. Morían los epilépticos ahogados por falta de atención, en camas donde dormían de a seis y la comida era peor que la de las cárceles, muchos inquilinos violaban la ley para ir presos.

"El ver tanta miseria en un país haría sangrar a un corazón de piedra", decía un párroco escocés en la encuesta. Distrito por distrito, el minucioso relevamiento de Engels la conmovía. Ese libro, decía Alicia, había pasado por su cerebro y había llegado a su corazón.

Los habitantes de Manchester parecían sobrevivientes de expediciones militares: les faltaba media pierna, un brazo, un pie, cuando no morían triturados por las correas que trasmitían la fuerza motriz de las máquinas. Era por la "temeridad culposa" de los obreros, alegaban los empresarios.

El asma de los obreros del pulido los llevaba a la muerte a los treinta y cinco años pero se negaban a usar piedras de pulir cubiertas por temor a que aumentara la mano de obra.

En la industria de la vajilla del barro, los jóvenes sumergían los objetos en un líquido con plomo y arsénico. La piel se volvía fofa y se despegaba, los dedos sangraban hasta que empezaban los dolores violentos, las parálisis. Veían morir a sus compañeros en medio de convulsiones.

En las minas había jóvenes de diecinueve años que parecían niños de diez, escupiendo el esputo negro.

Las costureras eran jovencitas venidas del campo, que vivían en los talleres. En la estación elegante, dormían sin desvestirse durante nueve días, y se detenían cuando no podían sostener la aguja. Alguna, que no había podido reponer el material que les daban en comisión, se había ahogado en el canal.

Las calles anegadas por el estiércol provocaban serias epidemias de cólera y tifus. Como no había dinero para solventar la asistencia médica, los pobres les compraban a los charlatanes y curanderos medicinas "patentadas": píldoras de Morrison, del doctor Mainwairing. En una semana vendían veinte mil cajas de las píldoras de Parr. Un jarabe de moda era el *Godfrey's Cordial*, una bebida que mantenía a los niños robustos y tranquilos. Lo que hacía era adormecerlos hasta aniquilarlos porque estaba preparada con opio y láudano. Morían a los dos años.

Vivían en la sucia atmósfera de Londres unos espectros pálidos, asmáticos, de ojos hundidos que salían de los sótanos donde vivían sin aire. Al tiempo eran trabajadores superfluos, los reemplazaban los irlandeses, sucios y bebedores, que dormían en casillas para perros y podían comer media ración de papas durante treinta semanas. Semibárbaros, rudos, llegaban a degradar a los sajones con sus costumbres groseras. Los desocupados dependían del trabajo de su mujer, algo insensato. Para Engels, esta inversión de roles castraba al hombre y quitaba femineidad a la mujer, que debía soportar en el lugar de trabajo un lenguaje sucio, indecente, malo, con las obvias consecuencias morales.

La joven Alicia Moreau, la maestra normal, marcó en los márgenes de página la importancia que concedía Engels a la educación. Salir del estado de "*white slaves*" en que se hallaban los obreros, no muy distinto al siervo de la gleba de 1145, sólo era posible elevando intelectualmente a los pobres. Por eso las secciones de obreros fundaban escuelas y salas de lectura. En los institutos socialistas se daban lecciones de ciencias naturales y estética, de economía nacional; traducían a los materialistas franceses, leían a los filósofos "practicistas". Las ediciones económicas habían conformado una literatura del proletariado superior a la burguesa, desvirtuada en *family editions* para proteger la moral hipócrita de esos días. Alicia reparó en esta exageración de Engels: "Shelley y Byron tienen el mayor número de lectores entre los obreros".

La primera médica argentina fue Cecilia Grierson. En Uruguay, la primera fue Paulina Luisi, que tuvo una historia familiar parecida a la de Alicia. Sus padres, un italiano y una polaca que huyeron de la Comuna de París en 1871 fundaron una escuela basada en la experimentación, la observación de la naturaleza y la educación física en Paysandú. Paulina se recibió de maestra y siguió ejerciendo después de ser médica. La carrera le costó seis años de lucha, y no hubiese podido terminarla sin el apoyo de sus padres. Todos los días encontraba un miembro masculino, morado y frío, en el bolsillo de la túnica. Era un método de disuasión.

Alicia sabía que el ingreso a la Facultad era contra las costumbres y lo cursaba como una conquista. No era raro para ella, que había hablado francamente con Armand y había leído sus libros ilustrados de fisiología y anatomía. "Así supe, sin engaños, lo que era el sexo", decía.

Reservaba todo el tiempo al estudio, al conocimiento. Algunos profesores eran hostiles y algunos estudiantes groseros, porque cuando una mujer se atrevía a hacer la existencia que ella había hecho, se exponía a pisotear las costumbres y también a ser pisoteada, decía. Pero así como algunos profesores les retaceaban información a las seis alumnas de la carrera, otros las preparaban después de hora.

En Medicina conocí de inmediato dos mentalidades masculinas. Algunos muchachos nos miraban con profundo desprecio y otros con indiferencia. Una minoría nos miraba con simpatía, trataban de ayudarnos en lo que podían. Para los más reaccionarios éramos unas mujeres de cualquier cosa. Esto es lo que uno encuentra en la vida, los espíritus muy estrechos, incapaces de comprender que todos los días hay algo nuevo que nace en el mundo, aparte de los chicos, las aves y los tiburones. Un pensamiento nuevo. Si no, no habría historia. Cuando ven un hecho nuevo creen que no tiene derecho a ser porque ellos no se han formado con él, porque no pueden mandarlo. Tienen que aceptarlo, comprenderlo, conformarse y no pueden.

En Medicina se inscribieron seis mujeres, porque la facultad había estado cerrada un año. Alicia conocía al profesor de Anatomía de la Escuela Normal y buscó su ayuda para hacer trabajos que le interesaban. Ella consideraba que su gran defecto era la falta de memoria verbal. Para recordar necesitaba comprender las cosas, tocarlas. Una exposición del profesor describiendo el movimiento inspiratorio y expiratorio, ella tenía que palparla. No podía leer una descripción y recordarla. Tenía que ver lo que se describía, o eran palabras que no le decían nada. "Anatomía descripta verbalmente es un conjunto de palabras, yo no la podía retener." Por eso seguía a los profesores que dictaban clase en el anfiteatro del Hospital de Clínicas.

Gracias a mi profesor de Anatomía pude acercarme a una disección, lo que fue para mí una gran ayuda. En el Hospital de Flores recuerdo a una compañera que era correntina y al hermano de ella. Correntinos de tez muy oscura, tenían en su herencia quién sabe qué influencia india, muy buenos muchachos que vivían en una casa de pensión. Pero no terminaron sus estudios. Era muy pesado en las condiciones en que estaban. Con ellos fui a trabajar en el anfiteatro del hospital. Recuerdo la conversación que tuvimos con el director. Ese hombre inteligente comprendió lo que pedíamos y como había una cantidad de cadáveres que nadie reclamaba nos dio todas las facilidades para hacer ese trabajo.

Allí recibí de un joven practicante mi primera lección de lo que es, a veces, la profesión médica. Porque así como nosotros, pichones de primer año, trabajábamos allí, otros que estaban en cuarto y estudiaban Medicina Operatoria trabajaban también en los cadáveres.

Una vez que estábamos trabajando en un cadáver vimos a estos dos muchachos que estaban amputando un brazo. Y seguimos con todo interés la operación porque para nosotros era un descubrimiento. Después de haber hecho la sección de la extremidad superior del húmero y cortado después la parte blanda y hecho un muñón, el que hacía la operación le dijo al otro, contentísimo: "En el público, dos mil pesos". A mí me impresionó extraordinariamente. Si hubiera dicho: "En el examen, diez" lo hubiera felicitado. Pero ya me hizo establecer esa relación entre el dinero y ese conocimiento, esa habilidad científica, y me produjo repulsión. Pensé: "¡Hasta para cortar el brazo de un cadáver piensa en la plata!" No es el estudiante, no es el hombre que quiere saber por saber, porque es lo que tiene necesidad y deber de saber, sino que piensa que todo eso lo va a conducir al dinero. ¡Y eso después lo encontré tanto en la vida! ¡Tanto, tanto, tanto!

Aumentó mi repudio por el dinero, por la gente que no ve más que el beneficio pecuniario. Yo comprendo que hay que vivir y ganar plata para vivir porque hay que comprar las cosas y pagar el alquiler pero en el momento de realizar un lindo trabajo como esa amputación, tan alejado –porque ese pobre diablo que era el cadáver no le podía pagar un centavo– él dijera: "En el público dos mil pesos".

Llegué entonces a formarme esa idea absurda de un mundo que pudiera vivir sin dinero. Muy romántica la idea, y descabellada; poder vivir sin plata. ¿Podrá ser eso alguna vez?

Alicia tenía la teoría de que por esa necesidad suya de estar, ver, tocar la realidad, se había hecho socialista. Al socialismo se acercó muy cautelosamente –y no se iba a afiliar hasta 1920–, lo hizo un mes después del Congreso, cuando Angel Giménez la invitó a dar clases de divulgación popular en La Sociedad Luz que había fundado.

SOCIEDAD LUZ

De las glorias pasadas queda hoy en la Sociedad Luz un vitral, una gran claraboya por donde entra la luz al hall central que es silencioso y fresco como la nave de una iglesia. La imagen no es religiosa, es la de un trabajador en camisa arremangada y boina que dejó el martillo sobre el yunque y se inclina sobre un libro. De su espalda salen rayos de sol y los botines pisan un recuadro que dice: *Educar al Soberano*. Queda también una oscura placa a la que hay que acercarse para descifrar las letras en relieve:

Cuán simbólicas y cuánta enseñanza en las últimas palabras de Goethe: ¡Luz, más luz!

Sí, luz, más luz es lo que pide la humanidad en su lento ascenso hacia un mundo sin dogma, sin mentiras religiosas, guiado por las más puras y nobles enseñanzas y práctica de una moral laica.

La leyenda dice que a principios de siglo se veía salir por la ochava de Suárez 1301 a los obreros en mameluco con un libro de Zola bajo el brazo. Los fundadores se habían propuesto crear una verdadera Universidad donde pudieran formarse para la "nueva mentalidad". Estaban convencidos de que educarlos era su salvación y la de las naciones subdesarrolladas. Por eso, antes de inaugurar la Sociedad con Angel Giménez, Juan B. Justo ya había fundado el Centro Socialista de Estudios con Payró y Lugones, una Sociedad Fabiana de Londres en versión nacional.

En las aulas donde enseñaban los socialistas unos ancianos practican hoy lánguidos ejercicios. Otros esperan delante del espejo que el peluquero termine de abrir y cerrar la tijera en el aire.

En ese magnífico edificio, Alicia dio conferencias desde 1906.

En el Congreso de Libre Pensamiento había un hombre que determinó mi entrada en el Partido Socialista: Angel Giménez. El primer congreso socialista fue en 1896, de manera que todo eso era bastante reciente. Sabía que era profesora, me escuchó ese día porque estaba ahí y me invitó a dar clases. Y acepté, pero ¿de qué podía hablar? Yo no sabía gran cosa de enfermedades sociales, que eran entonces tuberculosis, alcoholismo y sífilis, pero como estudiante de medicina y con esa inconsciencia de la juventud que cree que puede abrir todas las puertas –basta tener la mano sobre el pestillo– me puse a estudiar con un entusiasmo y una fe propios de un novato.

En todos los centros socialistas había bibliotecas de libros que la gente donaba y que destruía la policía en cada allanamiento. Los vigilantes se llevaban los libros a las comisarías, algunos porque les interesaban, decía Alicia, por amor al libro. En locales propios o prestados se dictaban cursos. Alicia, a los veintiún años, fue la primera mujer en ese trabajo de propaganda y dictado de clases, acercándose a los obreros como profesora. Dejaba atrás la lectura de Kropotkin y otros anarquistas y se inclinaba definitivamente por el socialismo de Marx y Engels.

Allí no había más que bancos de madera y una mesa detrás de la cual yo me instalaba con mis piezas de anatomía para explicar la acción del alcohol sobre las arterias y el corazón. Los obreros iban allí, recuerdo esto como una iniciación social. No puedo emplear el término sagrado aunque en realidad tiene ese valor, ese valor de la fe, del entusiasmo, del deseo de trabajar en la masa social que yo sentía. Eso es lo que más me atrajo siempre, la educación popular.

Algunos cursos eran muy extraños, como uno que Repetto dictó sobre darwinismo social y que a Alicia le pareció desproporcionado: "¿Qué les importa a estos pobres diablos el darwinismo?". Después creyó comprender la intención del maestro. Había que penetrar en la cabeza de todos los hombres, no conformarlos con sus manos y sus pies para trabajar y su tubo digestivo para sostener el organismo. Había que dar ideas, poblar su cerebro. La ciencia no podía quedar en una aristocracia del saber porque era el conocimiento de la verdad, que para pocos no serviría tan completamente. No se sabe si los trabajadores hacían comentarios, roncaban o bostezaban. De lo que hay registro es de la escandalosa primera clase "ilustrada" en el local de los carreros en Barracas al Norte donde también se daban clases, como en la Sociedad Luz, con "diapositivos" –que después, decía Alicia, cambiaron de sexo.

Habían llevado una linterna mágica para hacer más didácticas las conferencias científicas con proyecciones luminosas. La primera de la serie fue Anatomía y Fisiología Elemental. Angel Gallardo, que estudiaba Medicina, llegó con la linterna y otros dispositivos cuando ya se habían reunido cincuenta personas, todos obreros jóvenes del barrio. Al apagar las luces empezaron los maullidos, ladridos, ruidos guturales, silbidos y no pudieron pasar las diapositivas.

"¡Fue un verdadero acto de incultura popular!", se lamentaron los socialistas, pero siempre tenaces, "al tiempo vencimos el medio hostil, bárbaro".

El auditorio de la conferencia "El sistema planetario y la Tierra", fue más pacífico. Una de las ventanas del local de la calle México tenía un vidrio roto y se habilitó como boletería, donde Giménez en persona vendió sesenta y seis entradas a diez centavos. Tenían una linterna escolar de la casa Lepage iluminada a querosene. Klimann, un fotógrafo amateur que había preparado las diapositivas, encendió la lámpara que daba una luz muy débil, mucho humo y olor a querosene y empezó su conferencia sobre Tolomeo, Copérnico, el Sol y los relieves de la Luna. El público escuchaba paciente, en las tinieblas. No veían nada, es probable que tampoco entendieran porque la exposición era trabajosa y con acento ruso, pero nadie pidió que le devolvieran sus centavos.

Estas eran las historias de los misioneros, hombres iluminados que hacían pedagogismo extremo en un espacio que el Estado dejaba vacío. La escuela pública no alcanzaba a toda la sociedad y ellos daban clases de castellano veloz a los inmigrantes y educación sanitaria en una sociedad paralela, una red subterránea con sus recreos infantiles, ateneos populares, escuelas de oficios y tiendas cooperativas.

Angel Giménez era positivista, racionalista, darwiniano y médico. Su familia tenía dinero y él lo invirtió en la Sociedad Luz, el gran edificio con ventanales de opalina partida, y en las obras culturales del Partido Socialista. Su visión del socialismo era iluminista y abstracta, alejada de las luchas sociales. Para él, los humanos evolucionábamos dentro de leyes biológicas especiales, las económicas, y la militancia se reducía a la fórmula "educar al soberano".

Alicia lo admiraba muchísimo y fue su gran amiga:

"Siempre admiré a Giménez por el modo en que amaba la obra en que estaba empeñado", decía. Coincidía en trabajar desde adentro del movimiento obrero, en sitios donde no se hiciera propaganda electoral, donde se luchara contra el alcoholismo y la tuberculosis y se difundieran conceptos científicos. Ella iba a dar clases a la Sociedad Luz para alertar sobre las enfermedades sociales.

Angel Giménez, de quien yo guardo un gran recuerdo, era un hombre de familia bastante acomodada. El padre había sido uno de los primeros escribanos del país. Tenía una muy buena situación económica pero él estaba con el pueblo, con el Partido Socialista, y dio vida a la Sociedad Luz, que fue perdiendo poco a poco su estructura. Era un verdadero centro de estudios, también se enseñaba máquina, estenografía, idiomas. Algunos no iban por el conocimiento útil, de aplicación, sino para saber.

Cuando Alicia tenía noventa años, todavía recordaba a uno de los alumnos de esas clases que ella consideraba lo mejor que había hecho.

Siempre me quedó el recuerdo de un hombre que asistía a las clases con proyecciones que yo podía dar gracias a la ayuda que mi padre me prestaba, tomando fotos de los libros, porque sabía manejar aparatos. Un hombre sesentón de pelo blanco y ojos azules, muy mal vestido, que ocupaba el primer puesto en la primera fila delante mío y no me sacaba los ojos de encima, en un estado de adoración. Seguía la clase con empeño, con amor. Me miraba con admiración, ni pestañeaba por oírme. Cuando yo llegaba ya estaba allí. Cuando era necesario hacer preguntas, él las hacía y se quedaba después de clase para conversar. ¡Me acordé de él durante tanto tiempo! Me parecía que era un verdadero compañero de trabajo. De ese hombre, cuyo nombre nunca supe, no me he olvidado.

Hace poco me saludó por la calle alguien que dijo ser su nieto. Le pregunté si alguna vez había hablado de mis clases.

Me dijo que relataba hasta el menor detalle, y agregó: "Creo que la quiso mucho". ¿Curioso no? porque probablemente este hombre oía hablar de cosas que lo tocaban por primera vez y yo debía parecerle un animal rarísimo, a quien él quería y respetaba. Todos me demostraban mucho respeto. En el momento en que yo salía se ponían de pie. En fin, había una consideración por la chiquilina atrevida que se ponía a darles lecciones a ellos sobre semejantes temas.

Los profesores usaban un lenguaje sencillo. Cuando era necesario un término más técnico no lo rehuían, Alicia lo explicaba y lo escribía en el pizarrón para que quedara "por los ojos y por el oído". Perseveraba contra el aburrimiento, porque veía que cuando los obreros "pescaban el sentido, se iluminaban". También daban clases en los recreos infantiles a las madres de las barriadas de La Boca y Barracas, que reclutaban cuando iban a buscar a sus chicos porque los padres no se dejaban ver. Eran asociaciones de hijos de afiliados y chicos del vecindario que vivían en conventillos donde los hacían cantar, hacer gimnasia o jugar para que no anduvieran por la calle, porque en los patios comunes no había espacio. Alicia tenía la certeza de que habían sido resistidos en el Partido porque eran una organización de mujeres y de que las subvenciones del Concejo Deliberante los habían aniquilado, haciendo desaparecer el espíritu de abnegación de los primeros años. "En los primeros tiempos del Partido Socialista hubo una moral elevadísima, elevadísima...", decía.

Llegaba a dar sus clases hasta la frontera de la ciudad. Más allá de La Boca y Barracas no había nada. Al oeste, el vaciadero de basuras. No había desagües ni agua corriente. Las dos o tres casas que ocupaban cada manzana, entre sembrados de alfalfa, maíz o huertas, y terrenos donde pastaban vacas y caballos, tenían aljibes o pozos poco profundos. Hasta ahí había faroles de gas y calles pavimentadas. Más allá, lámparas de querosene que apenas iluminaban.

Lo que hice fue en gran parte posible porque me abrió la puerta mi gran amigo, mi padre. Fue un gran compañero, un gran amigo. Cuando empecé, él me acompañaba siempre. ¡Me llevaba de la mano! Y yo sentía esa comunión, esa comprensión mutua, esa aprobación que él me daba. Porque durante su juventud en París era una de las tareas que se había propuesto: ocuparse de los problemas que afectan la vida del hombre de pocos recursos y muchas necesidades. ¡Lo que significó para mí, a los veinte años, ir a dar una clase a un grupo de obreros! Había heredado de mi padre la convicción, el estar compenetrado con una idea y sentir la necesidad de trabajar por ella.

Era una joven que daba clases nocturnas en Barracas a principios de siglo, orientando a los obreros sobre enfermedades infecciosas, sífilis, alcoholismo y contra la indiferencia cívica. Con los años atenuaba la audacia, disimulando el orgullo, un poco impostora, y decía que habían sido sólo unas sencillas lecciones sobre higiene médica y cívica para devolver lo que había recibido desde chica como un privilegio.

Hablar de tuberculosis no fue una cosa tan difícil pero hablar de sífilis, que estaba prohibido mencionar en los diarios porque era una enfermedad secreta... Me animé a hablar de sífilis porque no tenía el prejuicio del sexo. Era una enfermedad que atacaba al hombre y a la mujer. La enseñanza que yo saqué de eso fue el contacto con esa masa de obreros, obreros semianalfabetos que me escuchaban respetuosamente. Jamás he oído de parte de uno de ellos una palabra grosera, una alusión. Porque yo era un bicho raro, una muchacha que no era tuerta ni jorobada. Me veían llegar al principio siempre acompañada por mi padre. Otras veces no podía mi padre, entonces tenía que ir con un sobrinito.

Andar sola por la calle, volver tarde en tranvía eran movimientos arriesgados en aquel tiempo. No había necesitado ponerse un nombre masculino para ser médica, decía siempre, como había hecho Aurora Dupin que firmaba sus textos George Sand, pero a sus clases para adultos en Barracas no podía ir sin su sobrino Roberto Champion.

Su hermana Luisa se había casado muy joven con Gastón Champion y había tenido tres hijos: Enrique, Roberto y Elena, la menor, que nació en 1909. Vivían todos juntos en una casa chorizo en Floresta, con Armand y Louise, que pasaron a ser Pepé y Memé. Tenían una fiel empleada que se llamaba Paula. Gastón hacía el tendido de vías de ferrocarril para la compañía francesa y viajaba por todo el país. Se enorgullecía por su tendido Santa Fe-Tucumán. Cuando se declaró la guerra del 14, se alistó como voluntario pero lo mandaron a Uruguay en "una misión de espionaje". Tenía una estación de radiotelegrafía, que parece no haber sido tan secreta porque allí, uno de sus hijos, con los auriculares puestos, le avisó: *"Papà, l'armistice s'est signé."*

Años después los Champion volvieron a Francia y Luisa instaló una tintorería que todavía existe. Gastón había empeñado una casa de la calle Lerma para solventar uno de los inventos de Santiago Moreau, un fotoliptófono, y la había perdido. A los diez años regresaron. Roberto sería un arquitecto de nombre, fundó la Universidad del Noreste y recomendó a su hermano Enrique a un empresario a quien le daba clases de francés. Enrique no fue profesional pero tenía porte de caballero y de empleado de oficina pasó a ser el hermano próspero. Cuando Roberto era un niño de nueve años, Luisa le prestaba su pequeño escudo a Alicia, para protegerla de los peligros. ¿Qué peligraba? El cuerpo y la reputación.

Vivíamos en Floresta y hay que imaginar lo que era ir hasta Barracas, en dos tranvías. Para estar allí a las nueve de la noche yo salía de mi casa a las ocho. Mi sobrinito era un chiquilín, pero no estaba sola. Y llevaba un paquete, una valija, alguna cosa. Así que los dos trabajábamos. El también llevaba algo. Entonces no era una cosa deshonrosa. Debía ser un trabajo que yo tenía, como volvía a casa a las diez de la noche... Yo no me preocupaba si alguna vecina me veía volver a mi casa porque me veía con un chico, no había podido ir a ejercer la prostitución.

En esos tiempos si una mujer andaba sola por la calle y se maquillaba estaba condenada, decía Alicia, aunque ella jamás lo hizo. "Era como si llevara el cartelito de perdida." En los bebederos de las esquinas los hombres se tomaban derechos sobre las mujeres solas que pasaban por su territorio. "El derecho llegaba al insulto, al manoseo, en el acto querían arrimar su desahogo masculino."

La separación sexual era muy marcada, rigurosa, hiriente. Una muchacha no podía salir sola. Cuando los padres tenían algún medio la acompañaba una sirvienta, una persona mayor, un hermanito menor servía para resguardarla del ataque verbal y a veces manual de los hombres que pasaban. El piropo era de la más baja calidad, llegaba al insulto. Entonces no había autos ni tranvías eléctricos; toda la tracción era animal y el carrero estaba en lo alto –eso le daba una importancia extraordinaria –manejando los caballos en medio de la calle. Los tranvías que entonces sí existían también eran de tracción animal. ¡Cuántas veces!... y eso a mí me indignaba, un carrero veía pasar a una jovencita y desde donde él estaba lanzaba un piropo envuelto en ese hermoso lenguaje que tanto gustaba entonces.

Ese estilo argentino, decía Alicia, era herencia del caballero español, que se podía batir a duelo por una sospecha en el honor de su dama pero despreciaba en la mujer lo que no era belleza y desconfiaba de su inteligencia; un hombre que pasaba de Quijote a Burlador de Sevilla con rapidez, acosando a las mujeres que se le cruzaban y más a las de una clase inferior. "No eran sólo las palabras las que ofendían sino los gestos obscenos. La recatada ciudad porteña, con sus iglesias, sus procesiones, sus escuelas de monjas, no conseguía poner valla a la provocación sexual."

Las mujeres no podían circular libremente ni salir solas de noche. Se encerraban, espiando detrás de las persianas bajas.

Esas persianas por las que se ve de dentro hacia afuera era la ocupación de las mujeres mayores cuando llegaba la tarde, principalmente porque privadas de todo: diarios, revistas, radio; no había nada de lo que hoy puede distraer a una mujer, ellas vivían del chimento. Y entonces sabían cuándo salía éste, cómo vestía el otro, o si había salido con aquélla. La vida privada de la gente andaba a través de las persianas.

Algunas calles eran intransitables porque en la esquina se paraba el compadrito o ejercía su dominio, como en Florida, una *"jeunesse dorée"* provocadora, que amparaba la policía.

La patota necesitaba calles oscuras, por lo que una de sus actividades era apedrear los faroles. No eran grupos de malandras y delincuentes, muchos eran "chicos bien", hijos de próceres. Las andanzas de Dominguito Sarmiento y Bartolito Mitre fueron registradas en la seccional primera donde los detuvieron "por haber ocasionado desórdenes y escándalos siguientes".

Habían roto los vidrios del lupanar de Adelaida (Gaetán) número 167 y de ahí habían seguido hasta el de la calle (25) de Mayo donde pidieron cerveza, y porque no se les despachó, apagaron una lámpara que había en la sala y voltearon una olla de comida que estaba en el patio en un brasero. Todavía rondaban los serenos con una pica irrisoria que les robaban los de la "*crème*" cuando volvían en zigzag a sus casas, después de la juerga.

Como entonces, la calle a la noche en 1900 todavía era cosa de hombres. De día, para ellas había un código de usos y costumbres, como la de caminar despacio. Alicia se sentía muy anticonvencional y no lo respetaba. Si estaba apurada, bajaba el cordón y se adelantaba por la calle a la señora que cumplía las reglas de conducta urbana de la revista *Para Ti:*

MUJERES POR LA CALLE

PARA LAS SOLTERAS:

Si en la calle encuentra algunas amigas, es natural que las salude y hable con ellas pero debe evitar reír de modo bullicioso y hablar en alta voz... Yendo por la calle no debe volver nunca la cabeza para mirar mejor a una persona –hombre o mujer– que haya pasado a su lado.

PARA LAS CASADAS:

Una mujer casada y joven tiene que observar, si no quiere que le acontezca algo que pueda redundar en su perjuicio, una condición tan estrictamente rigurosa como la obligación que se impone a una soltera que no haya cumplido veinticinco años. Tiene que obrar con más cautela, porque expone al ludibrio público no sólo su buen nombre, también el de su marido. Una señora casada, joven y linda, no debe permitir en absoluto que la acompañe por la calle un hombre que no sea su marido, su padre o su hermano.

La calle se había ido "limpiando" según Alicia, cuando un jefe de policía de mala fama, el Coronel Ramón Falcón, impuso la multa de 50$ ante la sola declaración de la mujer ofendida.

Ella tenía su pequeño chaperón, y con él volvía a la noche a su casa. La impresionaban las esquinas con muchachones. Siempre se acordaba con disgusto que había visto a dos hombres bailando un tango que les silbaban sus compañeros.

Borges también había visto parejas de hombres bailar el tango con corte en las esquinas de Palermo. Las mujeres sabían que era un baile infame, un reptil de lupanar, como decía Lugones, y no querían hacerlo. Un tío suyo intentó bailar con cortes en el conventillo *Los cuatro vientos* del barrio de Recoleta y lo echaron. La gente era pobre pero decente y al tango se lo asociaba a los prostíbulos. Cuando se supo que en París se bailaba el tango, en este país tan snob, decía Borges, la gente "bien" lo impuso. Y la prueba de que no lo había impuesto el pueblo eran los instrumentos del tango; el piano, la flauta, el violín; si hubiera sido popular el instrumento habría sido la guitarra. Era muy común ver gente templando la guitarra en 1910.

Alicia le había tomado horror al tango, repulsión, a los diez o doce años cuando cruzaba la calle con su madre o su hermana al anochecer, para no pasar delante del grupo de cinco o seis parejas de hombres que bailaban entre ellos, frente a las tabernas.

Había muchos organitos que se ganaban la vida tocando tangos. Se paraban en las esquinas frente a una taberna cuando llegaba el anochecer, no a muy altas horas porque la vida nocturna era muy pobre. Había muchas tabernas, los almacenes estaban acompañados por un despacho de bebidas y eran muy frecuentados por los compadritos, que tenían una vestimenta característica: un pantalón ancho que lo apretaban en el tobillo, trajes oscuros, saco ceñido, un sombrero blando bastante encasquetado y un pañuelo blanco de seda anudado al cuello. Tenían una manera de caminar muy especial, moviendo las caderas. Yo no sé qué combinaciones de homosexual les había creado esa modalidad, que ahora se ve en muchas mujeres. Cuando las veo vuelvo a experimentar aquel rechazo. Eso no existía en el ambiente socialista, tan austero. Se quería crear otro medio moral, un medio moral tan exacto que, pobre del que cuando se pasaba la bandeja para recoger dinero para gastos comunes se quedara con alguna moneda. Ninguno se hubiera atrevido. Los socialistas querían suprimir la propiedad privada pero, aún así, había un respeto extraordinario por la propiedad ajena, que naturalmente no era la de los capitalistas, "no se llegaba a eso todavía".

Angel Giménez es el hombre que puede servir de ejemplo para el paso de la burguesía al socialismo. Era un hombre obeso y, como todos los obesos, tenía necesidad de abundante alimentación. Pero de una austeridad en cuanto al vino... No bebía más que agua. Y cuando nosotros, socialistas, invitábamos amigos a cenar no había más que agua en nuestros vasos.

En las reuniones que se hacían en los centros, fiestas familiares o de compañeros, nunca se servía alcohol, ni vino y mucho menos caña, que entonces se bebía mucho. Tomaban té o café. Mate tampoco para que no usaran la misma bombilla treinta o cuarenta personas. Las fiestas eran muy sobrias, ningún obrero iba con la camisa sin corbata y sólo cantaban la Internacional: "Hijos del pueblo, hijos del pueblo que oprimen cadenas".

Los hombres que se embriagaban con vino eran una plaga, una plaga porque se los veía tirados en la calle. En los almacenes les servían vino o caña, el whisky o el champagne se dejaban para la calle Florida. Los extranjeros tomaban poco, no así los criollos. El vino los convertía en unos borrachos tirados por ahí, cayendo en la vuelta a sus casas y yendo a parar a la comisaría. Entonces el socialismo, que quería levantar el nivel del pueblo, lo combatía.

Literatura de terror de la Sociedad Luz

Contaba Bartolomé Fiorini que una noche, cenando con Justo en el vagón comedor de un tren que los llevaba en gira política al norte, el fundador del Partido Socialista había pedido un vaso de vino. El mozo les había preguntado qué iban a beber. Fiorini, antes de que terminara la pregunta, pidió agua. Justo separó el pulgar del índice y le dijo:

—A mí me trae un vaso de tinto.

Fiorini no salía del asombro. El mozo dejó el vaso de vino al lado del de agua, pero Justo no tomó un sorbo en toda la comida. Ahí quedó el vaso de vino lleno en las narices. ¿Fue para poner a prueba al sucesor de Del Valle o para ponerse a prueba a sí mismo?

Fiorini se tomó la revancha cuando llegó Jean Jaurès a la Argentina en 1911, respondiendo a la invitación de Justo en el Congreso Internacional Socialista de Copenhague. El profesor de filosofía en la Universidad de Toulouse, el fundador de *L'Humanité*, era esperado por los socialistas con cierta veneración. Sus discursos parlamentarios contra la política de conquista en Marruecos y el servicio militar obligatorio de tres años se habían hecho famosos. Lo habían elegido para presidir la Comisión Informativa del caso Dreyfus como hombre por encima de sospecha para la opinión pública y el Parlamento. En lugar de un apóstol alado, llegó un hombre corpulento, de barba espesa, a quien le gustaban las mujeres, la comida y la bebida en un orden que se desconoce.

El visitante no resultó un dócil turista que todo lo veía bien. Juan B. Justo lo llevó a conocer la Rural de Palermo y a una estancia, donde objetó el trato que se daba a los animales. Después, lo invitó a cenar a su casa. Jaurès llegó esa noche, dio una ojeada a la mesa y preguntó: "¿En esta casa no hay vino? ¡Ah, no! Yo no puedo comer así." Repetto y Justo tuvieron que salir a comprar rápidamente varias botellas en un almacén del barrio.

Alicia había elaborado una teoría sobre la afición de Jaurès, uno de los hombres que ella más admiraba:

Jean Jaurès venía del país de Francia, donde estaban los primeros productores de vino del mundo y acá en cambio, la in-

dustria vitivinícola estaba en sus comienzos, se producía en Mendoza, San Juan y Catamarca y no había aviones para traerlo.

Los socialistas argentinos eran los primeros en pagar con sangre las campañas antialcohólicas. Para ellos el problema del alcohol era moral.

Ocho años después, en 1919, Alicia iba a transgredir por una sola vez la norma, cuando fue invitada a Nueva York a la Conferencia Internacional de Doctoras en Medicina. Como no consiguió pasajes, cruzó la cordillera a lomo de mula para salir desde Chile. Era agosto, el frío y los desfiladeros casi la disuadieron varias veces pero siguió, agregando más papel de diario entre la ropa y el cuerpo, cobijada por una manta que conservaba en la vejez, y pensando en San Martín.

Me he reído de mí misma, me pude haber dado fuerzas pensando que aquella dura travesía la hicieron todos los soldados y no en mejores condiciones que San Martín.

Iban con ella unos acompañantes a pie desde Punta del Inca a Junca, baqueanos que gobernaban las riendas. Cuando no se le cortaba la respiración por miedo a que la mula se desbarrancara, los miraba enterrar sus piernas en la nieve, callados, nobles. Al llegar, antes de separarse, tomó con ellos un vaso de vino blanco. "Hice bien en compartir ese vino con ellos", decía ya anciana, con la manta cubriéndole las piernas, justificando su inconducta.

La Sociedad Luz organizaba concursos de afiches de propaganda antialcohólica, publicaba los trabajos en forma de tarjeta postal y empapelaba la ciudad con el primer premio. El arte de persuasión era pintura y literatura de terror. Aparecían en *La Vanguardia* fotos de enajenados, con los ojos desorbitados, el pelo revuelto, sobre epígrafes como: Locura alcohólica, tipo de una agitada; delirio de persecuciones de origen alcohólico. Fotos de retrasados mentales, de minusválidos en sillas de ruedas, posaban en el refectorio de un asilo junto a una monja: "Degenerados, hijos de alcoholistas." "El alcohol conduce a la idiotez".

Las campañas duraron muchos años. Cuando los concejales empezaron a cobrar sueldo, Giménez donó los suyos a la Sociedad Luz para financiar los folletos y afiches de estas campañas.

Grafodramas, hojas sueltas y libros se imprimían y después se compendiaban en volúmenes titulados Guerra al alcohol.

¡PADRES! POR AMOR A NOSOTROS, NO TOMEIS ALCOHOL, decía la pancarta sostenida por niños, niñas y bebés en un afiche famoso. Todos eran del tenor "Atrás, beodo". Había folletos dedicados a las mujeres, a los deportistas. Cuentos antiguos; ideogramas con forma de copa; la parca abrazando un botellón de alcohol con el símbolo de los piratas; leyendas que incluían a Satanás regando la viña con sangre de pavo, mono, león y cerdo, por lo que el hombre se comportaba como cada animal según pasaran las copas; manifiestos de taberneros imaginarios, escritos en el ALMACEN TOME Y TRAIGA, Calle Ruina, esquina Perdición.

Publicaban cuentos como *El Barrilito,* de Guy de Maupassant, donde el codicioso Chicot había apurado la muerte de la vieja Magloire introduciendo el barrilito de aguardiente en su casa, y se quedó al fin con su propiedad; cuentos de Daudet, Dickens, Edmundo de Amicis, verdaderas antologías del alcohol. Las *Memorias de un alcoholista* de Jack London, que había declarado poco antes de morir a los cuarenta años en su rancho de California que su voto a favor del sufragio femenino se debía a que ellas se opondrían al alcohol, "el Dominador querido y aborrecido, el rey de los falsarios, el aliado de la muerte y el enemigo de la vida".

Los órganos del alcoholista era un trabajo del doctor Bertholet de Lausanne, con 24 grabados aterradores. Fotografías de un gran riñón de bebedor "muerto en plena crisis de delirium tremens", o del corazón de buey de los grandes bebedores de cerveza o de estómagos con colgajos de tejido ilustraban el revulsivo trabajo.

En la *Guerra al alcohol* también incluían la interminable cronología del movimiento antialcohólico de los Estados Unidos desde 1642, hasta la enmienda constitucional de 1919, la de la prohibición, extractada del *Anti-Saloon Year Book*, que consignaba cómo iba pasando de "mojado a seco" cada distrito. Allá lejos, Abraham Lincoln había adherido en 1851 a los "Hijos de la Templanza", pero el prohibicionismo era una propuesta difícil aquí.

Había un espíritu salvacionista en los hombres y mujeres del Partido. Enrique Dickmann, uno de los primeros hombres del socialismo, expulsado años después del Partido por sus contactos con Perón, cuenta en sus memorias que siendo estudiante de Medicina sentía una enorme curiosidad por los actos de propaganda de anarquistas, liberales y clericales. Recorría plazas y calles atrás de ellos. Los domingos se reunía el Ejército de Salvación. Una tarde, después de haberlos visto predicar debajo de un estandarte soportando las burlas y los insultos, fue de ahí a la casa de Justo en Rivadavia entre Callao y Rodríguez Peña. Juan B. Justo era para él un padre intelectual, el hombre que lo había convencido de que para ejercer una influencia socialista entre los estudiantes y profesores tenía que ser el mejor alumno. Le propuso imitarlos y el maestro encontró la idea "viable y simpática". Los militantes empezaron a ensayarlo en 1897. Se paraban sobre un cajón, al lado de una bandera roja, con folletos de propaganda y fichas de afiliación. No sólo los insultaban, también les tiraban verduras y huevos podridos. Era un precio alto porque nunca reunían más de doce espectadores.

EROPOLITICA

Antes de la Primera Guerra Alicia vivió su período de "ensueño": progresaba en la carrera de Medicina, escribía las primeras notas periodísticas, dictaba conferencias como profesora y estaba enamorada de un hombre diez años mayor, un famoso dirigente del Partido que la presentó a los hombres más importantes del socialismo mundial: Enrique Del Valle Iberlucea. El se había casado con María Luisa Curutchet un año antes de conocer a Alicia Moreau en el Congreso de Libre Pensamiento, cuando se acercaron a saludarla los popes del Partido. Alicia tenía veintiún años, usaba un vestido negro muy largo para cubrir los tobillos y unas caderas que le habían hecho decir a un republicano: "¡qué hembra!". Si le preguntaban qué pensaba del amor entonces decía que ya había leído a Zolà y a Tolstoi, que había hablado mucho con su padre y leído sus libros de anatomía y fisiología, varias veces.

No puedo decir que mi formación sirva de medida porque yo, desde muy joven, he sido muy lectora. Leía obras que no recomendaría ahora: las novelas de Emile Zolà, muy crudas, y yo no sabía interpretarlas como lo haría ahora. Leía a Maupassant. La vida sexual de una joven era la restricción. Lo único honorable, aceptable, era el matrimonio. El matrimonio civil fue un progreso muy grande. Maupassant y otros autores se dieron a la tarea de abrir la ventana, romper los velos.

Del Valle era un hombre encantador. Escapando de Santander con su padre republicano había llegado a Rosario a los ocho años, y desde su graduación en Filosofía y Derecho en Buenos Aires vivía entre las dos ciudades. El primer regalo que le hizo a Alicia fue un libro de Aristóteles. Los amores de Alicia empezaban con un deslumbramiento intelectual.

Para las jóvenes de su edad, la vida social de entonces era muy estrecha, no se extendía mucho más allá de los límites de la vida familiar. Casi no había cines, el teatro era muy pobre. Un lugar de encuentro clásico de señoritas y señoritos era la misa, por eso era algo muy importante. Los jóvenes se agrupaban a la salida y veían pasar a las niñas...

Alicia no creía en el matrimonio, esa unión puramente sexual (decía como Belén Sárraga) en la que al hombre no le importaba que la mujer fuese analfabeta siempre que supiera preparar un buen puchero. Desconfiaba de los hombres. Para ella, hubiese sido más fácil ser fea, tuerta o jorobada.

Como no lo era, al lado de la tolerancia casi siempre había una insinuación. Naturalmente encontré hombres que me resultaron muy simpáticos pero ¡se presentaban tantos inconvenientes en cuanto una demostraba no limitarse a ser la lavandera de la casa o la cocinera!

La pareja era una unión distinta, de intercambio intelectual, de compañía, de comprensión, de influencia recíproca en todos los aspectos de la vida. Del Valle interpretó este ideal alicino y la llevó con él a todas partes: a La Plata, adonde él viajaba todos los días porque era secretario de la Universidad que dirigía Joaquín V González, a *La Vanguardia* como colaboradora, al Ateneo Popular –la Universidad para obreros– como secretaria general.

La mujer de entonces era un ser despojado de una parte de sí misma. ¿Cuál era el ideal de la mujer? Naturalmente era ser linda, bien vestida. Pobre o rica, el ideal no variaba. Los medios sí, pero el fondo era el mismo. Y casarse joven, formar su familia lo mejor posible, dar al casamiento todo el relieve. Siempre era una ceremonia religiosa que se publicaba en los diarios. Y el despliegue de visitas alrededor. Cuando el novio venía a visitar a la novia siempre había un testigo, aunque fuera un chiquito, pero mejor si era la abuela o la madre...

Es posible imaginar que ese momento de compenetración espiritual que debe tener la gente para hacer su vida en común era una cosa bastante limitada. Y las manifestaciones afectivas debían ser más limitadas todavía, hechas a escondidas. Y no es que nuestras mujeres no tuvieran la capacidad de provocación sexual que tienen ahora. Lo primero que los acercaba, como ahora y a través de toda la escala biológica, es la atracción sexual.

Armand era un testigo discreto y conforme de sus relaciones con Del Valle, acompañaba todos los proyectos de la pareja. Quizás viera en ese orador brillante del Partido al Pigmalión que su hija necesitaba para terminar el trabajo que él había empezado.

En las notas de Armand para la *Revista Socialista Internacional* que dirigía Del Valle Iberlucea y donde Alicia comenzó su carrera periodística, está su definición de lo que debía ser una mujer. Alicia corregía los galicismos de Armand, tal vez hasta tradujera algunas frases completas, y cuando lo hacía confirmaba que su padre había formado una hija distinta, como otros hombres que recién desean otro destino para la mujer cuando se convierten en padres de una hija:

Es la ley del más fuerte la que gravita sobre la mujer. Cuando joven soporta la autoridad paterna hasta el matrimonio y ese don supremo de la persona no es la mayoría de las veces sino una negociación en la cual el principal interesado no tiene voz. Escapa así de la dominación paterna pero cae bajo la del marido... La emancipación de la mujer debe ser al mismo tiempo intelectual y económica, esto es, debe ser social. La mujer es la mitad del género humano. ¿Qué hemos hecho por ella? Ha sido siempre excluida de todo lo que podía instruirla, no se le ha enseñado sino a obedecer, a temer, y por lo tanto a disimular; se le ha exigido respeto y sumisión. Ha sido preparada para la vista, para los deseos del amo, para la ornamentación, ha sido desviada por la adulación, la galantería, la hipocresía de la cortesía. Si la mujer no ha producido genios, si no tiene espíritu de método, ni estabilidad mental, ni voluntad sostenida, ni rectitud de carácter, ¿no hemos hecho lo necesario para que así sea? Niño, pueblo, mujer, la ignorancia y la ausencia de reflexión son sus rasgos comunes...

El Armand que escribía estas líneas se había propuesto hacer de Alicia una mujer esclarecida e independiente y Enrique Del Valle Iberlucea podía potenciar sus méritos. Que fuera imposible oficializar la relación no le importaba.

Joaquín V. González, el rector de la Universidad de La Plata –un hombre de vanguardia, decía Alicia, que como ministro del Interior había establecido el voto uninominal por circunscripción en 1902 y había dicho, siendo conservador: "No tenemos que asustarnos de que vengan votos socialistas"– le consiguió horas de cátedra en colegios para solventar su carrera de Medicina. Seguramente fue un pedido de Del Valle, que quería tenerla cerca suyo en esos largos viajes a La Plata.

Empieza una labor docente enfermiza. Además de las clases, va a dictar como en Buenos Aires charlas y conferencias. Más avanzada en la carrera, también dará clases de Fisiología en la Universidad. Entre ellas, hay una conferencia muy llamativa de 1907: *La degeneración de las razas*.

La teoría darwinista de la supervivencia del más apto había sufrido peligrosas desviaciones. Algunos hombres de la ciudad tomaron la interpretación biológica para considerar que cierta inmigración era racialmente inferior y al aborigen como un salvaje eterno.

En 1905, José Ingenieros había publicado en *La Nación* sus *Crónicas de Viaje*, las impresiones de un viaje a Europa que duró un año. En el archipiélago de Cabo Verde había visto un extraño espectáculo al llegar a una isla que emergía del fondo del mar como una columna y cuya forma cónica y estriación transversal le habían valido un nombre que Ingenieros sólo iba a citar por aproximación: la "incorrección" del diablo. Ese espectáculo le había sugerido el artículo *Las razas inferiores* y era un episodio repetido, el de la "turba de negros" zambulléndose en el mar para atrapar una moneda. Para él era un ejemplo de laxitud moral de las clases inferiores que mortificaba el orgullo de la especie.

Todos los ingenuos lirismos de fraternidad universal se estrellan contra estas dolorosas realidades.

Cuando leemos en Mitre o López el desarrollo de la importación de esclavos africanos a las antiguas colonias de América nos los imaginamos como víctimas de la iniquidad de los blancos y simpatizamos con su dolor; suponemos involuntariamente que aquellos esclavos eran como los actuales negros que anualmente suelen ir de jaquet y galerita a saludar la estatua de Falucho.

Es un craso error... Los negros importados a las colonias eran, con toda probabilidad, semejantes a los que pueblan San

Vicente: una oprobiosa escoria de la especie humana. Juzgando severamente, es fuerza confesar que la esclavitud –como función protectiva y como organización del trabajo– debió mantenerse en beneficio de estos desgraciados, de la misma manera que el derecho civil establece la tutela para todos los incapaces y con la misma generosidad con la que se asila en colonias a los alienados y se protege a los animales. Su esclavitud sería la sanción política y legal de una realidad puramente biológica. Si las leyes no pueden modificar ciertos fenómenos biológicos y sociales, debieran limitarse a interpretarlos, adaptándose a ellos.

La solidaridad humana resulta aquí una preocupación lírica e irracional.

Ingenieros decía que los "derechos del hombre" eran legítimos para los que habían alcanzado una misma etapa de evolución biológica, estos seres eran más parecidos a los monos antropoides que a los grupos étnicos más inferiores de las razas blancas.

Era difícil identificarlos con los cromos de los tratados de antropología o en las colecciones de cráneos de los museos. Eran bestias domesticadas, aún en sus gestos, y su *standard of life* hubiese avergonzado al antropiteco de Dubois.

Le daba náuseas ver sus barquillas mugrientas, el harapo que los cubría, los gritos ancestrales con los que reclamaban monedas, la voracidad con la que se zambullían a buscarlas, trenzándose, para salir uno con el cobre entre los dientes. Ese cobre, como los "reis fuertes" que ganaban en la carga y descarga de carbón, se transformaba enseguida en veneno, una caña violenta llamada *cachaça*. Esos hombres, que ni siquiera tenían ideas religiosas –siendo ése un índice de cultura entre los hombres de mentalidad inferior– para Ingenieros, no podían ser nuestros iguales. Semejantes hombres no podían sobrevivir en la lucha por la vida.

La selección natural, inviolable a la larga para el hombre como para las demás especies animales, acabará con ellos cada vez que se encuentren con las razas blancas. Cuanto se haga en pro de las razas inferiores es anticientífico; a lo sumo se las podría proteger para que se extingan agradablemente, facilitando la adaptación provisional de los que por excepción pueden hacerlo. Es necesario ser piadoso con esas piltrafas de carne humana; conviene tratarlas bien, por lo menos como a las tortugas seculares del Jardín Zoológico de Londres.

Su mirada darwinista se deslizaba de la cubierta del transatlántico a las naciones del planeta y observaba que aunque se avanzara hacia una fraternal unión de todos los pueblos civilizados, "cada agregado social debía luchar por la vida".

Alicia admiraba a Ingenieros, decía que había existido entre ellos una gran afinidad de intereses. Comprendió sus razones al alejarse del socialismo. Para ese espíritu "crítico y agudo", el país no estaba preparado para un partido con ideales de justicia, honradez total, libertad e igualdad. Y si Ingenieros tenía muchos enemigos era porque los argentinos no podían tolerar en carne propia la ironía y el humor de los otros. Pero sin saberlo le había respondido a Ingenieros en 1907 desde la Universidad de La Plata, en su conferencia *La degeneración de las razas*, cuando decía que la evolución natural y social era un proceso que se perdía en una larga y penosa ruta espiralada, ocultando su fin hasta para los utopistas más arriesgados. Ella se oponía a usar la teoría para explicar injusticia y desigualdad desde la ciencia. El futuro no se podía predecir.

No conocía a Juan B. Justo pero en eso coincidían. Justo asimilaba la teoría evolucionista a las luchas del proletariado pero rechazaba el abuso organicista de las tesis de supremacía social. "No es raro que esas tesis sean caras a las clases privilegiadas pues representan la consagración de las castas", decía.

Darwin le había dado a la palabra lucha otro contenido, sostenía ella. El mundo ya no era una obra de creación sometida a los cambios catastróficos. Era algo en perpetua transformación y movimiento, donde la vida se mantenía por un constante esfuerzo contra los agentes destructivos. Vencía el más inteligente, pero el progreso no provenía de las luchas entre los hombres sino de las luchas contra la naturaleza y su motor no era el odio sino la búsqueda del bienestar, la huída del dolor. Todo empezaba en el combate cuerpo a cuerpo de los leucocitos contra las bacterias.

En 1909 Alicia empezó a publicar notas sobre educación en la *Revista Socialista Internacional* que fundó Enrique Del Valle Iberlucea. Ese año habían ejecutado en España a Francisco Ferrer, el fundador de la Escuela Moderna, el mártir de los educadores racionalistas.

"Un hombre acaba de ser sacrificado injustamente, un hombre que había tenido la audacia de querer esparcir la luz, la verdad...", decía en su artículo. Aparecía el retrato de Ferrer en tapa, con el pelo recortado y canoso, la barba prolija y en punta que afilaba su cara, los ojos caídos y el ceño fruncido. De ese hombre se vengaba la Iglesia inquisitorial que veía peligrar sus escuelas del estado pobres y sucias, memorialistas, de premios y castigos. No habían ejecutado a un temido conspirador republicano, querían derribar al sistema educativo revolucionario.

La nota de Alicia era apologética e infantil, cruzada todavía de voces francesas. El mundo asistía a un *tournant l'histoire*: el espíritu de Ferrer iba a propagarse como las Escuelas Modernas, que se alzarían en los más diversos puntos del universo. Y terminaba su obituario con los versos de Rouget de L'Isle:

S'ils tombent nos jeunes héros
La terre en produit de nouveaux
Contre nous prêts à se battre.

Padre e hija hacían contrapunto anticlerical en la revista, indignados por la crueldad de la teocracia española, que había desoído los pedidos de clemencia por Ferrer en todo el mundo. Armand aseguraba que el poder papal tenía los días contados en el gran regulador de la evolución. Alicia decía que los hombres ya no alzaban sus ojos al cielo en místico arrebato, cuando lo hacían era para mirar la silueta de un avión *Bright* surcando el aire.

En esos años junto a Del Valle, Alicia desplegó una actividad enorme: fundando, creando, promoviendo mejoras legislativas, luchando por la emancipación de la mujer. En 1909 intervino en el Congreso Popular de Educación y en 1910 fundó con Enrique Del Valle Iberlucea el Ateneo Popular, que se definía como una asociación de extensión secundaria y universitaria, donde fue elegida secretaria general. Su padre era el tesorero.

Participó en la campaña del Centro Socialista Femenino por la jornada de ocho horas, por la reforma de la ley Impositiva para lograr la supresión del impuesto al consumo y presentó una solicitud al Congreso para que se prohibiera la fabricación y venta de ajenjo y se aplicaran fuertes recargos a las bebidas alcohólicas.

Era una mujer moderna, le interesaban las nuevas técnicas y métodos. Por eso lanzó desde el Ateneo Popular una encuesta para conocer la opinión de la gente sobre estos centros paralelos de educación:

¿Qué influencias tienen sobre el pueblo los conocimientos dados en los cursos de extensión universitaria?

¿Cree Ud. más ventajosas las nociones utilitarias, de aplicación inmediata o la orientación de las ideas y la cultura general?

¿Cuáles medios conseguirán el acercamiento y el intercambio de ideas entre el profesor y el alumno?

¿Prefiere los cursos de enseñanza científica o los de carácter literario y artístico? ¿Por qué?

En 1910, el director de la *Revista Socialista Internacional* cedió la publicación a sus compañeros del Ateneo para transformarla en su órgano y Alicia refunda y dirige *Humanidad Nueva.*

En 1910, fue una de las organizadoras del Congreso Femenino Internacional, en 1911 hizo una campaña para fundar escuelas para inmigrantes.

Junto a Enrique Del Valle Iberlucea conoció a los líderes del socialismo mundial, como el italiano Enrico Ferri, que al llegar les volcó un balde de agua fría declarando que aquí el Partido Socialista era sólo una flor exótica, porque las condiciones industriales para el proceso todavía no estaban dadas. Los socialistas argentinos, que se sentían herederos de Monteagudo y Moreno, de Bernardino Rivadavia, continuadores del *Dogma Socialista* de Echeverría, le pidieron al jefe del socialismo español Pablo Iglesias que autorizara lo desautorizado. El declaró que en todo país donde existiera una clase proletaria, y en la Argentina la había, el socialismo tenía razón de ser.

Llegaron Vicente Blasco Ibáñez, el escritor español, y Jean Jaurès, a quien Alicia conoció y trató personalmente, uno de los hombres que más la impresionaron.

Era un hombre extraordinario Jean Jaurès. No sé si la antropología explica la aparición de esos seres excepcionales. Lo traté personalmente, mucho. Pocos oradores valían lo que él valía. Era un hombre que se transformaba hasta físicamente a medida que hablaba, lo hacía en cuerpo y alma. Y este hombre tenía la gran ilusión, que le costó la vida, de que si las masas obreras se oponían a la guerra, si no querían hacerse matar y se constituían en una gran fuerza, junto a otros grupos científicos, artísticos, a través de las fronteras, se podía impedir la guerra. Nos habló mucho de esas ideas. Le costaron la vida.

Me dolió muchísimo el asesinato del pobre Jaurès, que tanto habíamos admirado. Le encontré hasta valor simbólico porque él representaba al hombre nuevo para el cual la frontera no existe. Y fue la primera gran víctima.

Mientras tanto, seguía con sus estudios de Medicina y cuando los terminó, ganó por concurso una práctica de residencia en el Hospital de Clínicas. Sus padres sintieron un gran orgullo por su carrera, un orgullo un poco primitivo. En ese hospital hizo su internado y aprendió muchas cosas, no sólo científicas. En sexto año eligió la sala de ginecología y en séptimo la de clínica, que dirigía el doctor Güemes, una de las celebridades de la Medicina argentina, siempre en salas de mujeres.

La plaga entonces eran las enfermedades venéreas. Las prostitutas tenían que ir periódicamente a un dispensario y conocían todos los trucos para esconder las señales. Adolfo Muschietti llegó a hacer un inventario de ellos: chancros cubiertos con un pedazo de tafetán inglés, pegado con goma y coloreado de carmín; placas mucosas y ulceraciones faríngeas teñidas de marrón por una pastilla de chocolate masticada un momento antes de la revisación... Estas mujeres llegaban, ya muy enfermas, a ser atendidas por la residente de medicina Alicia Moreau.

Yo tenía que hacer la historia y poco a poco me fui interesando, porque no solamente les hablaba de la enfermedad que las había traído a la sala sino que yo trataba de indagar. Curiosa, probablemente, demasiado curiosa. Y entonces fui penetrando la vida de esas mujeres. Casi todas venían de la provincia. Había muchas polacas. Esas historias me hicieron comprender realmente la situación verdadera de la mujer, no la que aparecía en las grandes revistas o en los diarios sino lo que era el fondo ideológico. Me interesé por estudiar el problema de la prostitución, y eso me reveló un pasado histórico extraordinario porque no sé si la prostitución ya existía en la edad de las cavernas pero bastante lejos. Cambiando de nombre, de vestimenta, de retribución. Ya se sabe muy bien que cuando un grupo humano pelea contra otro lo que gana es lo que puede robar y además, las mujeres jóvenes. Las viejas se dejan de lado. Es la ventaja de la vejez.

A medida que iba profundizando la Medicina iba profundizando la situación de las mujeres.

En el Hospital también se puso a observar a las enfermeras y a las monjas, que le revelaban otros capítulos de la vida femenina contemporánea. Estaban las prostitutas y ex prostitutas que venían enfermas y las enfermeras que las atendían con devoción, con una abnegación que Alicia admiraba, porque eran mujeres sin formación pero capaces, llevadas por una necesidad de trabajo y por una tendencia humana, como algunas monjas. De una monja se hizo muy amiga porque hablaba de esas mujeres y conocía sus vidas y las trataba con una gran caridad cristiana. Pero en otra sala había una monja mala que las obligaba a salir de su cama a las cinco de la tarde y arrodillarse en el suelo para la oración, cosa que algunas no podían hacer. Alicia tuvo un problema con esta religiosa, con su jefe y con su maestro de sala cuando a un hombre que era judío y andaba por ahí lo sacó volando de la sala y le quiso imponer la reclinación. Alicia decía que había recibido más que una formación médica en ese aprendizaje, había recibido una formación político–social que la acercó aún más al socialismo, que le hizo comprender biológicamente lo que significaba la elevación del pueblo y la emancipación de la mujer. En el hospital había visto la miseria, había tenido la oportunidad de conocer la resaca de la desgracia femenina. Las vio llegar en estado de abandono, de desesperación, a esas prostitutas viejas que ya no conseguían trabajo y eran los despojos de la obra humana.

Entonces yo me hice más profundamente feminista. Lo que terminó mi comprensión –si eso acaso termina– fue la guerra, porque fue una experiencia humana formidable, sumamente dolorosa como muchas experiencias. La del hospital no fue muy grata para mí. Fue un período de verdadero sufrimiento moral.

Había una pobre mujer, la recuerdo, que tenía una infección de los ovarios, del útero, debida a la blenorragia. Cuando la atendí por primera vez era joven, linda, totalmente abandonada, desesperada, sin saber lo que le pasaba. Porque era un animal. Esos pobres seres eran verdaderamente animales sexuales. Puede ser que allí hubiera algún recuerdo de su infancia, pero era terrible el descenso moral e intelectual.

Lo único que me atreví a hacer antes de elaborar un diagnóstico fue darle inyecciones para calmarle el dolor. Y cuando se las di le hablé, la tranquilicé y nos hicimos bastante amigas. ¡Qué extraña amistad! ¿No es cierto? Y un día, cuando ella había mejorado, vi acercarse un hombre que la venía a visitar y quería que se levantara y saliera del hospital, se lo decía a ella en tono imperioso. Y yo tuve con él algunas palabras –muy correctas– diciéndole que todavía no estaba curada y él se fue bastante fastidiado. Yo me pregunté: "Ese tipo, ¿quién es?" Y la buena enfermera, que tanto me ayudaba, me dijo que era el dueño de la casa de prostitución. Eso me indignó de tal modo que, si hubiera podido hacerle algo, le hubiera aplicado un tratamiento quirúrgico.

Los socialistas eran abolicionistas como los comuneros del 71. Hacían campañas de educación e higiene para que las venéreas perdieran el carácter de enfermedades secretas pero, como los católicos, recomendaban la abstinencia prematrimonial para evitarlas. La castidad también era promovida en los folletos de la serie *El problema sexual* editados por la Sociedad Luz donde Alicia daba clases.

En las salas del hospital había comprobado que esa asistencia era el punto final del recorrido y no había nada por hacer. Siempre le quedó el recuerdo de una pobre mujer de cincuenta años que encontró sentada en los escalones de la sala de guardia, donde se les hacía un primer examen a los enfermos. Ella estaba de guardia ese día y la hizo entrar enseguida porque la vio muy desmejorada. La mujer le contó que venía de San Juan para hacerse curar, que había dejado a su familia allá y acá no conocía a nadie, que andaba perdiendo sangre. En un rapidísimo examen Alicia descubrió un tumor uterino terminal y la hizo entrar a una sala, sabiendo que era imposible operarla. La hizo acostar, llamó a una enfermera, le dio una inyección para calmarla, comida. A la mañana siguiente encontró a su jefe muy enojado: ¿Por qué había recibido a esa mujer que sabía que era inoperable? Le contó la historia: no podía echarla a la calle. "Bueno", le dijo él, que no era un mal hombre según recordaba Alicia, pero que no comprendía, "tómela de secretaria y arréglese con ella". Con la enfermera decidieron tranquilizarla, ayudarla a pasar un día o dos para que el cansancio del viaje disminuyera y la alimentación la reanimara para luego derivarla a un hospital adonde mandaban a los incurables. La enfermera la llevó.

Yo pagué el coche, le hice un pequeño regalo a la enfermera y se fue así. A morir. Indudablemente, pensaba yo, el cadáver habrá ido a parar al anfiteatro del hospital y después a la basura. Tuve la sensación, allí, de lo que es el final de ciertas vidas. Una mujer así, rica, hubiera estado rodeada de médicos, la hubieran operado para aliviar su sufrimiento físico y moral por lo menos. Esa pobre mujer había viajado desde San Juan. Yo me imaginaba lo que habría sido ese viaje, sentada, porque no se habría podido pagar un camarote. Y cómo fue el final, soportando el dolor y la hemorragia durante ese viaje, un día y una noche.

La idea de la injusticia social, de las tremendas deficiencias que tiene nuestra organización social me hirieron profundamente y me convencieron, cada vez más, que la sociedad tiene que ser transformada y que esas injusticias no deben existir. Más allá del perfeccionamiento científico, del diagnóstico temprano, era esa sociedad en donde esa desgraciada mujer había tenido que vivir. Y pensé que tal vez las sociedades animales eran menos crueles que la nuestra.

Antes de la Primera Guerra Mundial, después de siete años, se recibió de médica y se especializó en ginecología, no porque fuera la especialidad que le interesaba sino porque no se concebía que una médica tuviera pacientes masculinos. Tampoco se pudo dedicar a la pediatría, aunque sentía pasión por los chicos. Habiendo tan buenos médicos, ¿a qué madre iba a ocurrírsele llevar a su hijo al consultorio de una médica desconocida?

Su primer consultorio fue en Esmeralda 983, la sede de la revista *Humanidad Nueva*, donde por entonces, físicamente, coexistían las dos vocaciones, pero no para siempre. El recetario decía: *Alicia Moreau. Enfermedades internas de señoras.*

Del Valle en la banca según dibujos de Columba era una montaña de libros sobre el pupitre y dos piernas largas y despatarradas que asomaban por abajo. Sus discursos eran eruditos, atravesados de citas que leía de los mismos textos. Por eso una vez don Luis García se atrincheró detrás de varias guías telefónicas para decir el suyo. Pero la intervención más famosa de Del Valle fue la "escapada sin sombrero", la noche que se fue del recinto dejando el sombrero para no votar un proyecto turbio sobre la exportación del azúcar y dejar sin quórum la sesión.

La carrera parlamentaria había empezado con la impugnación a su senaduría en 1913, cuando tenía treinta y seis años. Era el primer senador socialista de América, de un partido "antinacional", en tiempos en que se discutía si era legítimo que los naturalizados gobernaran o legislaran. Una siniestra conjuración del voto extranjero le había dado el triunfo, decían los nacionalistas y algunos radicales. Del Valle tuvo que defenderse desde la primera sesión, declarando que un día después de convertirse en ciudadano argentino había pedido el enrolamiento voluntario en el ejército nacional.

Lo que para los hombres señalaba el máximo compromiso con la patria, hasta para algunos socialistas, para Alicia fue siempre el principal obstáculo en la hermandad de los hombres, la fuerza militar. El fin de su ensueño, de su fe en el entendimiento entre los hombres y las naciones se produjo cuando empezó la Guerra del '14.

A fines de 1916 el Ateneo Popular organizó en los salones de Unione e Benevolenza un acto contra la deportación de obreros belgas. Alicia pidió a los argentinos que no se refugiaran en la neutralidad, que no permitieran que la seguridad del propio suelo les sellara los labios. Si esos hombres iban a marchar como esclavos en caravanas, aunque ese dolor no nos tocara, debía tocar en cambio nuestro sentimiento de justicia. A ese acto lo inspiraba un sentimiento de justicia.

La guerra no había influido sobre la organización diaria de su vida ni sobre el desarrollo de su trabajo, pero sí, íntimamente, había influido en ella. Nunca volvió a tener el estado idealista de antes. Había comprobado que el hombre era mucho más animal de lo que había imaginado.

Los hombres eran instintivamente violentos, desde niños, cuando formaban pandillas de barrio. Las mujeres en cambio sólo podían formar pandillas de chismes, con escobas por fusiles.

Después, todo lo que leí sobre la guerra. Grandes escritores hicieron revivir esa larga lucha, esa vida de las trincheras, que no se había visto antes, porque antes la guerra era sobre la superficie. Luego la foto dio a ese momento, a esa experiencia mía, una profundidad, un sentido social, que me hizo dudar de muchas cosas. Perdí en ese momento la ilusión del entendimiento entre los hombres, de la fuerza del derecho, de la posibilidad de que las fronteras un día desaparecieran. Y como yo había creído mucho en esas ideas, con gran entusiasmo, con mucha sinceridad, fue una experiencia muy penosa. Y me duele reencontrarme siempre con ella.

Pero también pensaba en las consecuencias azarosas de las guerras, imprevistas, como la destrucción de instituciones seculares, la irrupción de grupos sojuzgados. La situación de la mujer había mejorado después de la guerra. Ella había tenido que reemplazar al hombre en los trabajos, en la retaguardia de las ciudades, y había demostrado su capacidad.

Alicia solía hacer extraños paralelismos para demostrar que los procesos individuales a veces se ligaban a los sociales: uno era la guerra y el uso del corsé, que no habían podido combatir los libros de Higiene y de Medicina, cuando mostraban los desastres que causaba, y que había desterrado la guerra.

Con la movilización de todos los soldados, hasta hombres de edad avanzada, las mujeres tuvieron que ir a trabajar y debieron reemplazar a los hombres en las fábricas. Eso fue la muerte del corsé.

El corsé dividía el cuerpo de la mujer en dos partes, con la cintura excesivamente ajustada. Entonces las caderas sobresalían y cuanto más, mejor. Yo he visto mujeres que cortaban la parte del corsé que tapaba la cadera –la parte del hueso íleo que está generalmente recubierta de grasa–. Entonces allí se hundía el corsé recortado y salían unas caderas abultadísimas que, cuando se levantaba la pollera, se movían. El corsé también levantaba los senos. Y las mujeres tenían senos abundantes, recubiertos, pero había mujeres que no se podían agachar. Esta presión se ejercía sobre los abdominales, con repercusiones sobre el hígado.

En 1919, Enrique Del Valle y Alicia funcionaban como un equipo. La revista *Humanidad Nueva* cerró su ciclo después de la Semana Trágica y Alicia se dedicó al activismo feminista. Había fundado en 1918 la Unión Feminista Nacional, que se proponía concentrar a las fuerzas feministas del Centro Socialista Femenino, la Agrupación Femenina Socialista y el Consejo Nacional de Mujeres.

Uno de los primeros actos de la nueva organización fue el apoyo público al proyecto de ley del senador Del Valle Iberlucea sobre emancipación civil de la mujer, que modificaba el régimen matrimonial para que la mujer no perdiera su capacidad civil ni el ejercicio de la profesión, asegurando su independencia económica.

En 1919 apareció la revista *Nuestra Causa*, dirigida por la médica Petrona Eyle, y el retrato de Alicia en el primer número con una pequeña biografía e información sobre los petitorios de la Unión Feminista Nacional, y la formación de un Comité Femenino de Higiene Social para combatir la trata de blancas, que organizó un festival artístico y literario en el teatro Argentino donde hablaron Alfonsina Storni, sobre *"Incapacidades relativas de la mujer"* y Enrique Del Valle Iberlucea, sobre la imposibilidad de ser una sociedad democrática y civilizada mientras no desapareciera la desigualdad de los sexos. Ese año, Alicia fue invitada al Congreso Internacional de Médicas en Nueva York y, como no consiguió pasajes, cruzó la cordillera a lomo de mula para embarcar en Chile. En ese congreso sostuvo una polémica con una delegada norteamericana en defensa de la maternidad, que muchas socialistas jerarquizaban al trabajo.

La mujer puede trabajar en la industria pero nadie puede obligarla a dejar de ser madre para ser carne de fábrica. Debemos lograr madres inteligentes y no esclavas ignorantes sometidas a la voluntad del hombre.

El trabajo que presentó en el congreso fue sobre prostitución y educación sexual, en él planteaba que debía existir una moral única para ambos sexos.

Mientras estaba en Estados Unidos, recibió otra invitación para asistir al Congreso Internacional de Obreras y a su regreso del viaje, escribió un informe de puño y letra en carta al secretario de la Federación Obrera Regional Argentina.

Al Secretario de la Federación Obrera Regional Argentina.

Ciudadano:

Tengo el agrado de presentarle el siguiente informe y conclusiones del Primer Congreso Internacional de Obreras, realizado en Washington del 28 de septiembre al 4 de octubre. Encontrándome en Nueva York para asistir al Congreso Internacional de Médicas recibí de Miss Mary Anderson, secretaria del Congreso de Obreras, un telegrama invitándome a asistir a ese congreso como delegada de la Argentina. Acepté muy complacida y supe, en las oficinas de la comisión organizadora, que mi nombre había sido indicado por la FORA en un telegrama firmado por el secretario de la misma señor... Pacheco. Aun cuando no pertenezco a ninguna agrupación obrera acepté con mucho placer esa designación. Pude concurrir sólo desde su inauguración el 28 de septiembre hasta el 1 de octubre, por cuanto debía partir ese día para Nueva York donde me embarqué el 3 del mismo mes. Habiendo recibido hace pocos días copia de las resoluciones adoptadas me apresuro a enviárselas así como algunos datos sobre el congreso.

Este fue organizado por la Natural Women's Trade Union League que agrupa 600.000 obreras organizadas además en sus agrupaciones de oficio. La presidenta es Mistress Margaret Raymond Robins, forman con ella el Comité Ejecutivo diez miembros representantes de diferentes sindicatos: guanteras, za-

pateras, modistas, dactilógrafas, etcétera. Esta Liga Nacional abarca también una serie de ligas locales que tienen asiento en Boston, Filadelfia, Chicago, Kansas City, New York, Rock Island, Davenport, St. Louis y Worcester y varios comités en: Baltimore, Cincinnati, Grand Rapids, Madison, Minneapolis, St. Paul, Washington, siendo asiento del Comité Ejecutivo la ciudad de Chicago...

No me fue posible por las razones ya expuestas, asistir a todos los debates. Sólo pude hacerlo al discutirse el trabajo de los niños. No habiendo recibido mandato expuse simplemente a solicitación de la presidencia mi punto de vista personal...

Sostuve en otra oportunidad la imprescindible necesidad para las obreras de cooperar estrechamente con el hombre en el mejoramiento de los salarios sobre la base de la igualdad de salario en igualdad de trabajo, sin distinción de sexo...

Sostuve igualmente la necesidad de separar la legislación obrera referente a la mujer de la del niño, ninguna razón ni fisiológica ni psíquica ni social autoriza semejante acercamiento. Considero esa asociación creada por tantas leyes como una consecuencia del concepto de inferioridad en que se tiene a la mujer...

Tal es en sus grandes líneas la acción del Congreso Internacional de Obreras. Hubiera por mi parte deseado tener una actuación más prolongada y eficaz pues considero es ésta una de las manifestaciones de la época moderna del más alto valor, la asociación internacional de los obreros en grupos que expresen su voluntad colectiva en forma bien clara y definida.

Me permitiré sugerir a la FORA la conveniencia de mantener relaciones directas con la National Women's Trade Union League, excelente ejemplo de organización aún cuando no concuerdo en su agrupación en sindicatos separados de los sindicatos de hombres. Creo que, en el trabajo como en su organización, obreras y obreros deben marchar conjuntamente.

Poniéndome a la disposición del secretario de la FORA para cualquier información sobre estos puntos que pueda ser de utilidad, me es grato saludarlo con mi consideración más sincera.

Alicia volvió de Estados Unidos deslumbrada por las norteamericanas. Aquí encontraba que, si bien el Partido Socialista era igualitario en su afiliación de mujeres y hombres, en sus derechos a asistir a todas las asambleas y los actos, no eran muchas las que se afiliaban. Las mujeres instruidas no apoyaban la acción por mejorar las condiciones de su género. En esa batalla se sentía a veces muy sola, y se lo adjudicaba a que las mujeres argentinas vivían en la sociedad criolla. En cambio las norteamericanas, en la gran lucha contra la esclavitud, se habían acercado a los hombres.

A su regreso, heroína de *Nuestra Causa*, fue entrevistada por el diario *La Nación* por su actuación internacional. Alicia empezaba a gozar sus pequeños triunfos y Enrique Del Valle Iberlucea a padecer grandes derrotas.

Sus problemas empezaron unos años después de la guerra, cuando la onda sísmica de la revolución bolchevique de 1917 llegó a los Centros Socialistas de Buenos Aires. Hasta entonces, la Segunda Internacional nucleaba a todos los partidos socialistas del mundo: laborismo británico, socialistas del norte de Europa, ahora acusados de socialdemócratas por la Tercera Internacional, donde Lenin exigía la firma de veintiún condiciones. Era una división entre gradualistas y revolucionarios, entre evolución y revolución.

Del Valle adhirió a la Tercera Internacional de Moscú sin saber que las consecuencias de su decisión iban a ser graves, que por ella iba a morir solo y amargado.

En las frases perdidas de Alicia sobre sus encuentros se descubre que en ellos siempre había libros y procesos políticos:

Con él compartimos los primeros entusiasmos por la Revolución Rusa, comentábamos la vida que habían llevado los nihilistas que escaparon a Londres y fueron capaces de crear un gran proceso.

Había leído los relatos impresionantes de las cárceles zaristas en las *Memorias de una nihilista* de Vera Figner y las historias heroicas de perseguidos la unían poderosamente al defensor de la revolución.

Durante años seguimos el itinerario de los luchadores rusos, los nihilistas y bolcheviques eran los que más empujaban la revolución. ¿Cómo olvidar a los valientes revolucionarios refugiados en Suiza? El Zar era un perseguidor que deportaba a Siberia, el gran tacho de basura de la humanidad.

En Rusia se había constituido un nuevo mundo, el primer estado obrero. Enrique Del Valle tomaba apuntes para su libro *La revolución rusa* y componía el *Canto a la revolución*, embargado por un extraño romanticismo.

¡Tuviera yo la lira de Tirteo,
o de Apolo la cítara armoniosa,
o bien el estro del glorioso Orfeo
para cantar la Rebelión Gloriosa!

En la Argentina se enfrentaron terceristas y antiterceristas en luchas que terminaban a los sillazos. El periódico *Claridad*, que era pro ruso, acusaba a los parlamentarios del Partido de "mariconear con las damas, abrazarse a la burguesía y coquetear con la revolución", sin hacer su defensa explícita.

Del Valle Iberlucea estaba enfermo de cáncer cuando se armaban esas bataholas en los Centros, adonde no iba a defender su posición. "Ahora nos explicamos", decía el diario *La Unión* en enero de 1921, "por qué el senador del Valle Iberlucea, el de la corbata roja como la sangre humana, no asiste a esas reuniones pretextando hallarse en el campo bajo la sombra apacible de los árboles".

Pero la posición no le resultó apacible: por su ciclo de conferencias en el Teatro Marconi y el discurso en el Congreso Partidario de Bahía Blanca un juez le inició una querella para desaforarlo y sacarle la banca. Del Valle había declarado que no creía en la eficacia de la democracia burguesa ni en la conquista de sus instituciones: el día en que el proletariado las tuviera, la burguesía iba a usar medios violentos para no ser desalojada por la ley. La emancipación del trabajo sólo podía lograrse con una revolución, pero sus métodos tenían que ser coyunturales. "La dictadura del proletariado es esencial pero no puede ser una forma definitiva de gobierno: existirá tan sólo durante el período necesario para efectuar la conquista de los poderes públicos."

El proceso judicial se basó en la "ley de defensa social". Juan B. Justo, que era antitercerista y se impuso por 5.000 votos contra 3.600 en el congreso partidario, fue citado como testigo en la querella contra Del Valle pero no se presentó al Tribunal Federal. El, en todo caso era cómplice, había presidido las sesiones y se había opuesto a la expulsión del senador.

Del Valle Iberlucea sostuvo su idea hasta la muerte. El discurso de defensa en la Cámara dictado al oído de los taquígrafos, con la garganta corroída, fue estremecedor: "En vano busco entre vosotros jueces y sólo encuentro acusadores". Se defendía débil e ingenuamente de los cargos de traición por su simpatía con procesos extranjeros diciendo que nuestras circunstancias eran muy distintas y era equivocado suponer que la adhesión a los principios socialistas nos precipitaran a la revolución.

En agosto de 1921, unos días antes de su muerte, el Partido le organizó un homenaje en el Teatro Coliseo; y el día 28, Alicia hizo otro en el Ateneo Popular, pero él ya no pudo ir.

Los familiares y amigos se reunieron en el *hall* de su casa de Brasil al 1300 mientras él agonizaba en el primer piso. Entre retratos de Rivadavia y Sarmiento, de Marx y Jaurès, un busto de Darwin y libros de Dante Alighieri y Julian Huxley, esperaron el anuncio que ocurrió a las 4.50 del 30 de agosto. Su esposa, su cuñada, Abraham, Berta Gerchunoff y, entre otros compañeros, Alicia Moreau. Años después el doctor Bogliolo aseguraba haber estado presente cuando María Luisa Curutchet le pidió a Alicia que se retirara de la sede del Partido donde lo velaban, aunque ya por entonces la relación de Alicia y Del Valle había terminado.

Una gran marcha acompañó el cajón a pie por Pueyrredón, Corrientes y Triunvirato hasta el cementerio del oeste. Del Valle murió a los 44 años como un héroe. La viuda publicó sus obras completas y trasladó a la casa de Rosario el escritorio y la biblioteca de Buenos Aires, donde los reconstruyó como cuando él vivía. Alicia era la viuda de Justo cuando se reencontraron en los años cuarenta, se abrazaron y besaron. Un testigo sorprendido por el afectuoso encuentro declaró: "Mi impresión es que lo compartieron".

Cuando lo recordaba, Alicia decía que había sido un gran orador de formación clásica, diferenciándolo de Palacios que buscaba sacudir y por eso había tenido tanta repercusión en "barrios de influencia italiana y popular". Pero se corregía enseguida y preguntaba: "Sin embargo, ¿quién puede afirmar que los de La Boca son más sentimentales que los de Palermo?"

Enrique Del Valle Iberlucea había sido un hombre sentimental, apasionado y afectuoso. Nunca hablando de sí misma, pero sí de terceros, Alicia decía que las relaciones sexuales antes del matrimonio se mantenían entonces en el más absoluto secreto.

Si alguien tenía ese tipo de relaciones era algo muy oculto, muy secreto. De todas maneras, las relaciones sexuales son como en los animales: animales que no tienen relaciones sexuales desaparecen. De manera que se puede dividir la vida en nacimiento, formación, unión sexual, descendencia y muerte. Esa es una etapa biológica fundamental.

Además, decía, el acto sexual estaba impedido por otras barreras como la vestimenta, que era muy complicada.

Las mujeres usaban camisa sin mangas, corsé, después se enfundaban las piernas en un calzón, abierto o cerrado, que llegaba hasta las rodillas, unos calzones bordados, llenos de puntillas, con un volado y otro volado... Pero, pese a los volados, reconocía que había mujeres que eran capaces de sacárselos.

Naturalmente, ha habido muchos casos de mujeres que han tenido relaciones sexuales antes del matrimonio. Pero había una verdadera pasión y obstáculos entre ellos. Cuando el sentimiento llega a dominar, ¿no hay mujeres que se han escapado de la casa, que han abandonado a su familia? ¿Eso no ha inspirado a los poetas?

JUAN

El Partido Socialista había tenido una extraña fundación. Un desprendimiento de la Federación Obrera, la Agrupación Socialista, se proponía reorganizarla y editar un periódico. El 2 de agosto de 1893 publicaron un aviso en el diario *La Prensa*, llamando a los representantes de sectores obreros a encontrarse a las 7.30 en el Café Francés. Sólo cinco hombres se acercaron, uno era Juan B. Justo. Ya era un cirujano de gran reputación, el primer médico de América en practicar cirugía de cerebro en 1890, en usar cocaína como anestésico, minucioso y perfeccionista.

Su padre Juan Felipe Justo y sus tíos eran los herederos de uno de los molinos más importantes del país, pero el padre de Juan B. administró campos sin éxito y perdió varios. Vivió en uno de la familia en la zona limítrofe de Tapalqué y murió como administrador en Frías, Santiago del Estero. Una de sus hijas se sintió obligada a escribir su biografía, para reivindicarlo. En ella aseguraba que su padre había sido un gran hombre y sólo había tenido dos vicios: el tabaco y las mujeres. Como muchos hombres de aquel tiempo, también tenía familias paralelas. Llegó a instalarse en el campo con otra mujer dispuesto a desplazar a Aurora Castro, la madre de Juan B. que estaba en Buenos Aires. Su hijo Francisco escapó de la estancia a pie y caminó kilómetros para llegar a la ciudad y avisarle a su madre lo que estaba ocurriendo. Aurora Castro, una implacable y orgullosa descendiente de Rodríguez Peña y heredera a su vez de propiedades y campos, hizo una separación de bienes y no lo volvió a ver nunca más. En las cartas que conserva su biznieto historiador Nicolás Iñigo Carrera, Juan Felipe ya no la nombra, siempre la llama "la mujer causante de todas las desgracias familiares". Aurora le compró a la familia Justo el Molino de Balcarce y Chile y vivió ahí, alquilando habitaciones para solventar los gastos de la familia.

En segundo año de Medicina, Juan B. Justo tuvo que emplearse como cronista parlamentario del diario *La Prensa* para costear sus estudios, pero su vinculación con la política no comenzó entonces: en las dos ramas de la familia Justo y Castro hubo gobernadores provinciales. Después de recibirse y presentar la tesis apoyado por el profesor Pirovano, viajó a Europa para perfeccionarse y profundizar las investigaciones académicas, con su conocimiento de seis idiomas, y pudo traer al país algunos adelantos como la asepsia quirúrgica. En una carta a su amigo Nicolás Repetto, ya le planteaba su decisión de fundar un Partido Socialista a su regreso.

Entre los estudiantes tenía fama de severo y duro, les reprochaba en público poner en peligro la vida de sus pacientes con prácticas inadecuadas. Por eso los apoyó cuando destituyeron a la Comisión Directiva del Círculo Médico para mejorar los servicios y fue su director provisional unas semanas. Le costó carísimo: el presidente de la Comisión depuesta era Ramos Mejía y en 1905 se lo separó del claustro de la facultad, como a Repetto. Los estudiantes le agradecieron el apoyo y las lecciones paralelas en el centro, con esta carta:

Los estudiantes de Medicina, representados por los que suscriben, elevan su voz encomiando altamente la actitud enérgica y decidida de los hombres que como usted, al defender principios sanos y elevados son víctimas del apasionamiento y de autoridades que como la academia que nos rige, hacen primar en sus decisiones intereses mezquinos y personales a los ideales altruistas de la enseñanza y la ciencia.

Uno de esos estudiantes era Naúm Chertkoff. Se hizo amigo de Justo y se enamoró de su hermana Sixta, la autora de la biografía de Juan Felipe.

Cuando lo echaron del claustro, Justo se fue de la ciudad. Compró la chacra *El Olivar*, donde se instaló con su primera mujer Mariana Chertkoff y sus hijos con la idea de cultivar para ayudar al sustento familiar con las propias cosechas. Mariana era la hermana de Naúm y de Fenia, la mujer de Nicolás Repetto. Las Chertkoff eran activas militantes del Partido Socialista, y ya lo había acompañado en 1899 a Junín a estudiar el problema agrario durante cuatro años. Ahí habían nacido los dos primeros hijos, Andrés y Daniel. En las afueras de Buenos Aires, Justo pudo escribir *Teoría y Práctica de la Historia*. Viajaba todos los días a la ciudad para atender a sus pacientes y el Partido. En *El Olivar* iban a nacer Leticia, Aurora, Miguel y Sara, pero en 1912 Mariana murió en el parto del séptimo hijo y Justo, muy golpeado, se alejaría más, a la chacra de Tío Pujío en Córdoba. El aviso a la Cámara de Diputados, el viaje hasta las afueras habían demandado varias horas: Justo y Repetto llegaron cuando ya era tarde.

Ocho años después, Juan B. Justo estaba perdidamente enamorado de Alicia. El era el fundador, cómo no conocerlo, pero el encuentro, la conversación, el comienzo de la amistad ocurrieron en la redacción de *La Vanguardia*, en los años en que Del Valle fue su director, hasta que se vio obligado a renunciar en 1917 por su adhesión a la

Tercera Internacional y la derrota interna de su posición. Alicia y Del Valle no se ocultaban y él la sentaba sobre sus rodillas mientras supervisaban el ejemplar.

Alicia fue cortejada por los dos próceres del Partido hasta que eligió a Justo. El empezó a visitar la casa de Armand y Louise al poco tiempo de la muerte del senador. A ella le hacía gracia que en una rápida maniobra arrancaba una flor del jardín, la guardaba en el bolsillo de su saco, tocaba el timbre y se la entregaba.

Un periodista le preguntó cómo le había declarado Justo su amor, imaginaba una declaración romántica, representativa de "aquellos tiempos". Alicia le contestó:

–Le diré: primero colocó una escalera, larga, que llegaba hasta el balcón. Como la ventana estaba cerrada, rompió el vidrio. Y entró a la casa.

–¿Y se abrazaron?

–No, porque yo no estaba en casa.

–¿Y con quién se encontró?

–No sé, lo que sé es que se lastimó la mano.

–¿Usted tomó esa herida como declaración de amor?

–¡Cien por ciento! Nadie que no esté llevado por un sentimiento extraordinario va a aceptar perder su sangre...

–Perdón doctora, pero esto que me cuenta ¿es cierto?

Jamás contaba nada cierto sobre su vida privada. "No me parece interesante que hablemos de ella", decía, mirando el reloj y haciendo peligrar la entrevista.

Juan B. Justo estaba perdido por Alicia, tan loco que tenía miedo a los papelones. Un redactor de *La Vanguardia* había llevado la historia según él verídica, de un hombre que por mirar a una mujer que pasaba caminando tropezó, chocó contra un poste y se cayó al piso, un tradicional cuadro de historieta. El la hizo sacar de la edición.

Alicia debió sentirse muy halagada: él combinaba el hombre de ciencia y política que tanto la fascinaban. Era el mítico fundador del Partido que había vendido su coche para afrontar los gastos del primer número de *La Vanguardia* y el cirujano que introdujo métodos nuevos de asepsia quirúrgica en el país. No era el elegante, seductor y afectuoso Del Valle, con su traje con chaleco. Justo parecía un campesino endomingado con el sombrero de hombre de campo que llevaba cuando volvió de Tío Pujío ya electo diputado. Se había ido a trabajar la tierra a Córdoba después de la muerte de Mariana y no había necesitado hacer campaña.

Alicia decía que sus condiciones superiores habían gravitado sobre ella en cuanto lo conoció, antes de ser amigos. La comprensión total entre ellos tenía su origen en esa larga y previa amistad y se había puesto a prueba en los pocos años de convivencia, siempre habían estado de acuerdo en todo.

La admiración por Justo era muy grande. El podía resolver problemas filosóficos y prácticos. A los 29 años había traducido el primer volumen de *El Capital* al español y en 1905 había fundado El Hogar Obrero, según el modelo de la cooperativa de edificación de Dayton, Ohio. A ella la admiraba con qué rigor abordaba los problemas, observando detalles que se escapaban al resto de los hombres.

En Junín había ido hasta los galpones donde dormía el peón de campo para verificar en qué condiciones vivía, además de revisar los contratos entre propietarios y arrendatarios.

En el ambiente donde más actuaban era la masa trabajadora. He vuelto a encontrar discursos de Justo de la primera hora, cuando fue diputado: la idea de la vida del trabajador, del agricultor, en ningún momento estaba ausente de su pensamiento.

El fue diputado al mismo tiempo que Palacios. Están ellos dominados completamente por la presencia de la vida obrera, de la clase obrera, y de la necesidad de dedicarse a eso porque era la parte realmente miserable de la población. No tenemos idea ahora, lo que fue aquella existencia, sobre todo en el interior del país.

En ese estudio, Justo comprobó que los grandes terratenientes no sabían dónde estaban sus propiedades, compradas a 400 pesos la legua y revaluadas en 200.000 después de las concesiones a ferrocarriles garantidos. Impulsaba la eliminación del latifundio con impuesto progresivo a la tierra, como en Nueva Zelandia. Por estas ideas a los socialistas les decían utópicos.

Se nos califica de ilusos o utopistas porque somos lo contrario de partidos como el Nacional, que entregó el gobierno a las empresas extranjeras, verdaderas bombas aspirantes que absorben toda la riqueza del país. La utopía es creer en la perpetuidad de la política criolla, cuya autonomía y libertades no son más que las del manotón libre... No somos utopistas. Nosotros vamos a crear una democracia de verdad auténtica.

Otra cualidad era su desinterés. Sólo para su madre Aurora Castro había alquilado la antigua residencia del embajador de Brasil, con los honorarios de cirujano. Pero Repetto y Justo podrían haber sido cotizados médicos si no se hubieran dedicado a la política, decía Alicia.

Justo nunca aceptó cobrar fortunas por sus intervenciones, porque él creía que el socialismo era para la conquista de la verdad y no de la riqueza.

Muchos testigos verificaban lo que decía su admiradora, Justo vivía austeramente aunque no murió sin propiedades como Alicia y otros dirigentes del Partido. Emilio Dickmann, uno de esos testigos, cuenta en sus memorias que a los veinte años, semianalfabeto, decidió dejar los trabajos rurales en Entre Ríos y viajar a la capital a estudiar. Se alojó en una bohardilla de la calle San Martín y para mayor economía se hizo vegetariano: los lunes compraba cien naranjas en el Mercado Central de Abasto y pan negro de harina y afrecho todos los días. Rindió en dos años las materias del secundario en el Colegio Nacional, estudiando dieciocho horas diarias, algunas bajo los faroles de las plazas para aprovechar el alumbrado público. El diccionario que de día lo ayudaba a aprender el idioma de noche era su almohada, envuelto en una toalla. Cuando hacía el ingreso a Medicina, sus padres, que se habían opuesto a la aventura capitalina pero veían sus enormes progresos, decidieron que lo siguiera su hermano Adolfo, que al poco tiempo de llegar a Buenos Aires se enfermó. Dickmann había conocido a Justo en la cárcel, después de un allanamiento en el sótano del Teatro Onrubia donde funcionaba el único centro socialista, y donde el inglés Holway daba una conferencia sobre la Comuna de París. Resolvió llamarlo para que el médico asistiera a su hermano. La habitación donde vivían era muy pobre. Justo revisó al enfermo, dejó la receta doblada bajo la almohada y se fue. Como en un capítulo de *Corazón*, adentro había un billete de diez pesos.

Alicia creía que ese desinterés se había perdido para siempre.

Los primeros hombres que intervinieron en el proceso socialista y anarquista eran hombres que carecían de toda ambición personal. Sabían muy bien que entrando en eso no iban a ninguna parte. Perdían, sí, plumas y pelos al pasar. Pero ellos no iban a ganar nada. Yo no hablo de Justo que demostró ser un hombre desinteresado. El se recibió de médico con medalla de oro y honores, viajó a Europa y cuando volvió, introdujo la asepsia, el gran descubrimiento que transformaba la ciencia. La intro-

dujo con el carácter que él tenía. El no andaba con pareceres sino con la imposición.

Hombres como él, Repetto, Dickmann eran hombres que por sus condiciones, su inteligencia, su capacidad de trabajo hubieran podido hacer fortuna. Y ninguno de ellos la llegó a tener porque los dominaba su interés político y social. El médico está a disposición del enfermo cualquiera sea la hora del día. En cambio, si está ocupado en preparar un discurso, una conferencia, no atiende al enfermo, cierra su consultorio.

El comienzo del socialismo fue un proceso totalmente altruista. Se unió al político socialista, anarquista, ciertos radicales, a la idea de absoluta honestidad.

El trayecto del médico al político es el mismo en todos los socialistas que salen del hospital todas las tardes, después de tratar a los enfermos, los lisiados, los inválidos, las víctimas de la miseria y un día se preguntan si es ésa la lucha más inteligente y humana que pueden realizar. "Gradualmente," decía Justo, "comprendí que había mucho de estéril e indigno en mi tarea, que aquella atención al cuidado de cuerpos humanos lisiados y doloridos tenía en sí algo de fanático y unilateral."

Justo ya había dejado su profesión cuando conoció a Alicia y dice la leyenda de la rama Moreau que pocos años después es él quien, por celoso y despótico, le pide que cierre su consultorio. De cualquier modo a Alicia no le interesaba la atención de pacientes ni la especialidad a la que se había tenido que dedicar.

En 1922 Juan B Justo, a los cincuenta y siete años y Alicia Moreau, que era veinte años menor, deciden vivir juntos. El Partido estaba contra esa unión. Para formalizarla, ellos hicieron un misterioso viaje a Montevideo. Querían sugerir a los opositores que era inútil y era tarde combatirla. Siempre quedaron dudas sobre ese casamiento civil uruguayo que ellos simularon y nadie supo, hasta que se leyó en el testamento de Juan B. Justo que había sido un engaño.

Antes del viaje, Nicolás Repetto, su amigo y cuñado, salió a despedir a Justo al pasillo del recinto de la Cámara de Diputados y le dijo:

–Doctor, no se case con esa mujer.

–Sé lo que hago –respondió Justo.

Esa mujer, la sucesora de Mariana Chertkoff, su cuñada. Esa mujer, la amante de Enrique Del Valle Iberlucea, mientras él estaba casado con una compañera del Partido que vivía –sabiendo y sin saber– en Rosario. La joven que se había alineado en la posición tercerista opuesta a la de Justo, al lado de Del Valle. La mujer que entraba a la ciudadela del poder y podía discutirlo.

Muchos años después de la muerte de Justo, en una reunión del Comité Ejecutivo, cuando la acusaron de "robarse los inodoros" de la Casa del Pueblo, como ella le decía al cargo de malversación de fondos, sentada frente a Repetto, el hombre con quien finalmente se había llegado a entender, Alicia le preguntó:

–Pero, ¿por qué tanto odio?

–Usted sabe muy bien el por qué –le contestó Repetto.

La vida amorosa de Alicia es fragmentaria, si se la reconstruye con las pocas claves que dio en la conversación con alguna amiga de la familia o algún cauto interlocutor. Pero así, es la más cierta sobre una mujer que le tenía terror a las indiscreciones y a la falta de sobriedad. Cuando se veía al borde de una confidencia, siempre retrocedía. Como dice su hijo, y hubiese dicho ella misma: "Cuando el sentimiento es verdadero e intenso tiene que ser así. Si se anda vociferando, el amor no es profundo".

—¿Cómo era Justo?

—Conversábamos mucho.

—Pero, ¿cómo era como hombre?

—¿Qué quieres que te cuente? Cuando estás con tu marido en la intimidad, ¿tú crees que te quiere? Son como animales. En ese momento sólo cuentan las pasiones.

Un verdadero socialista científico desconfiaba de las pasiones, pero en esas ideas estaba sola, única entre dirigentes varones:

A veces pienso que el pasado animal subsiste marcadamente en la humanidad —decía—. *Las convicciones y la razón son algo muy precario. En la vida de relación influye la fiera original, aún en muchos de los que nos suponemos ilustrados... El problema continúa siendo de qué modo hacer prevalecer la razón.*

—¿Le gusta recordar a Justo?

—Naturalmente, fui su esposa y antes su compañera. Compartimos el mismo amor por el proletariado...

—¿Por qué una mujer tan vital como usted, tras su temprana viudez, no rehizo su vida? ¿Tuvo un solo gran amor?

—Tuve varios amores. ¿Para qué me lo pregunta, si la opinión pública los conoce?... Mis otros grandes amores fueron el estudio y la práctica de la medicina, la lucha cívica por los derechos de la mujer y siempre un gran amor, un desesperado amor por... el conocimiento. Espero que mi respuesta no lo haya desencantado, me parece que usted esperaba dejarme en camisa.

A Justo lo llamaban el Maestro, muchos por su espíritu didáctico y aleccionador y otros con furia por su paternalismo.

Los padres de Alicia, Armand Moreau y Marie Louise de Napont, exiliados de la Comuna de París, se conocieron en Inglaterra.

Alicia Moreau en sus tiempos de estudiante secundaria del Normal 1 de la Avenida Córdoba, cuando era alumna de Yrigoyen.

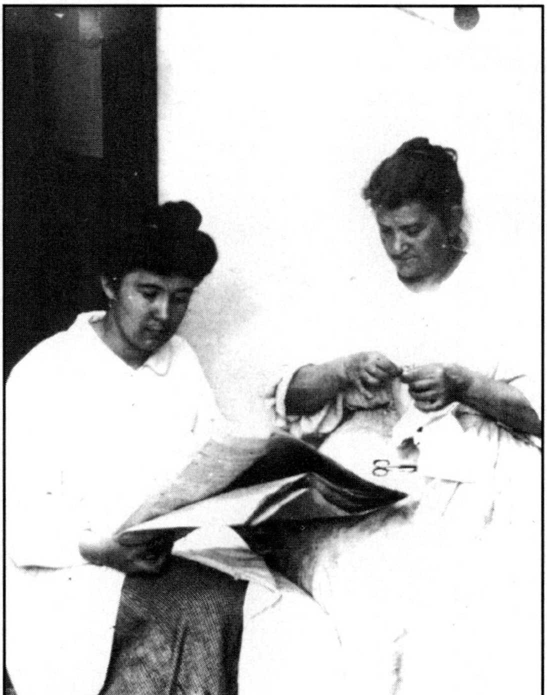

El año decisivo: 1906. Después de su intervención sorpresiva en el Congreso de Libre Pensamiento, funda el Centro Feminista.

Con su madre Marie Louise, leyendo el diario.

Alicia en la casa de Floresta, cuando comenzaba a dictar clases sobre enfermedades sociales en la Sociedad Luz de Barracas.

Con su hermana Luisa y sus sobrinos Roberto y Elena Champion.

La casa de Floresta.

Con su madre, sus sobrinos Elena y Roberto Champion y la empleada de la casa, Paula.

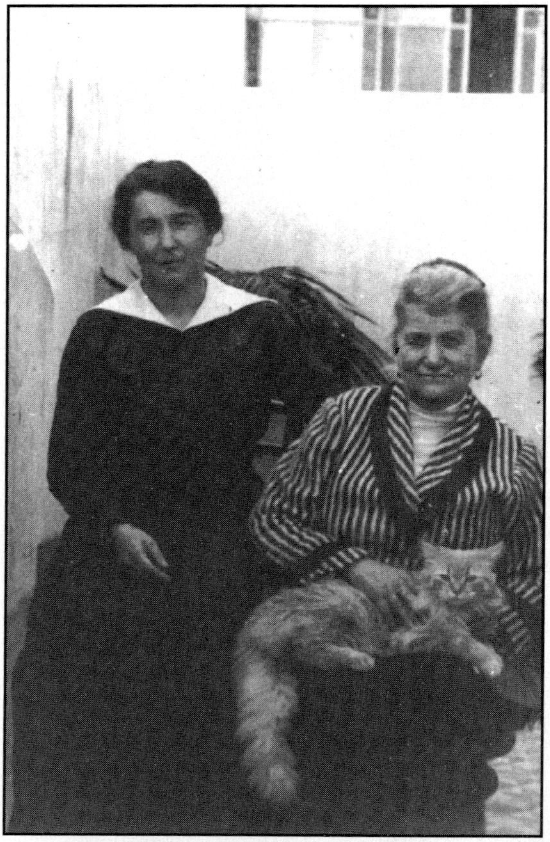

Con su madre Louise y un gato.

Leyendo autores del realismo social francés.

Retratos.

Las campañas contra el alcohol y la sífilis. Los consejos de los médicos higienistas en afiches.

El fabuloso vitraux de la Sociedad Luz, claraboya del hall central. Dicen que de allí salían obreros por la ochava de Suárez con un libro de Zolà bajo el brazo.

—A lavarse las manos—, le decía a una parienta con su voz filosa cuando entraba a la casa y se la extendía.

Era enemigo de la verborragia hispánica, el reverso de Del Valle, un orador vehemente y castizo que hablaba de vosotros. Le gustaba ser preciso. A los redactores de *La Vanguardia* los perseguía para que no dejaran espacios en blanco y cubrieran todo con apretada escritura, muy conceptual. Achicaba los tipos de los títulos, exigía laconismo, sobriedad. *La Vanguardia* se transformaba en un mazacote, la redacción estaba convencida de que Justo despreciaba la literatura. Alicia empezó a valorar este estilo seco, que se correspondía con la justeza, la exactitud de los argumentos.

En los primeros tiempos del Partido Socialista hubo una moral elevadísima. Basta recorrer algunos discursos de los primeros tiempos de Palacios, de Justo, para ver la parquedad, la sobriedad casi austera de esos discursos, sobre todo en los de Justo. Iba allí como si tuviera un látigo en la mano. El no admitía que se dijera una palabra por otra ni que se la tapara con otra. Y esa modalidad la tuvieron los socialistas durante muchos años, después la fueron perdiendo...

En su objetivo por diferenciar al Partido de la política criolla, Justo era despótico. El fundador imponía sus reglas con severidad. Como el alcohol obstaculizaba la difusión de las ideas, era un obsesivo antialcoholista. Y antitabáquico. "Era un hombre íntegro, siempre el mismo", decía un militante, "acaso hubiéramos querido ver en él un poco más de tolerancia, de bondad, de transigencia para el error humano. Era duro, implacable, intolerante."

Había que moralizar la actividad pública. Pero no sólo eso: el código ético se deslizó de los objetivos políticos a las conductas privadas, del principio de autocrítica a la carnicería pública. Duelo, casamiento religioso, ropa de etiqueta, goces mundanos estaban prohibidos. El que sucumbía se arriesgaba a ser descuartizado en las páginas de *La Vanguardia.* La ascética moral socialista era implacable.

Cuando rompieron los "libertinos"* para fundar el socialismo independiente le reprocharon a Justo tanta "virtud". Las prácticas monásticas podían ser motivo de satisfacción pero una capilla no podía ser un gran partido nacional "por la sencilla razón de que no todos los hombres han nacido para ser monjes". Roberto Giusti fue el "libertino" que le recriminó a Justo su secreto desborde.

Creía haberse malquistado con el fundador en un almuerzo, después de un congreso partidario en Avellaneda, cuando pidió vino mientras Giménez y Justo clamaban ¡agua! El temía un menú vegetariano pero llegaron unas costillas de cordero. Y en la sobremesa sacó un toscano, lo que demuestra que era algo provocador. Se hizo silencio y Justo preguntó: "¿Fuma?"

Giusti dirigía la página literaria de *La Vanguardia* en tiempos de Del Valle, y Justo se había sentido aludido varias veces, hasta que un día apareció el cuadro de una carreta arrumbada y lo interpeló en la comisión de prensa. El joven, emocionado hasta las lágrimas se declaró respetuoso, se equivocaba el Maestro, que contestó con una risa sarcástica: "¡Palabras de literato!". Esto pareció agraviarlo muchísimo a Giusti, que lanzó su contraofensiva: "Ahí le dije el cruel diagnóstico de su idea fija". Eso dice en sus memorias y se detiene sin revelar cuál fue el diagnóstico que le hizo al famoso cirujano. Por otros testigos se sabrá que le dijo: "Y usted está enfermo de locura erótica".

A pesar del ascetismo que imponía, Justo se decía el más vulgar de los hombres, en la línea de sucesión de Sancho, si alguno de los dos héroes figuraba en sus ante-

---

*A los socialistas independientes los llamaron libertinos por su periódico *Libertad* y en doble sentido, por "díscolos". Terminaron siendo funcionarios conservadores.

pasados. Reconocía que le gustaban las mujeres y no para agasajarlas como en la literatura de caballerías. "La imaginación me proporciona poco deleite, pero a mis horas como con singular apetito... y no me avergüenzo. Me gustan las mujeres hermosas, pero menos para cantar las bellezas de sus formas que porque prometen una prole sana y vivaz."

Alicia trataba el tema de la madre prolífica en 1946 en el libro *La Mujer en la Democracia*.

> *Para muchos argentinos la mujer es... un ser bello, gracioso algunas veces, capaz de despertar en el hombre, por imperio de instintos fundamentales, sentimientos que lo llevarán a la fundación de una familia. Es el concepto de Rousseau: la mujer ha sido hecha para agradar al hombre, que él deba agradarle a su vez no es necesario, basta el solo hecho de que es fuerte. Esto, afirmaba con una solemnidad que hoy nos hace sonreír, es una ley de la naturaleza. Hay según esto en la mujer sólo dos grandes virtudes que han de determinar su suerte: la belleza y fecundidad. Y un solo objetivo en su existencia: el matrimonio.*

Alicia fue siempre muy pudorosa, hasta reprimida. En los cinco años de matrimonio con Juan B. Justo tuvo tres hijos: Juan Roberto en 1923, Luis Nicolás en 1924 y Alicia Marta en 1927. Los hijos de Mariana no vivieron con ellos en la casa de Belgrano. Los cinco mayores fueron a vivir con Aurora Castro a una casa en la calle Amenábar, que después fue el colegio Roca. La abuela era una anciana severa y cada vez más atenta a los gastos, que había dejado en custodia y bajo responsabilidad de una de las niñas Justo la llave de la despensa. La menor, Sarita, que cuando murió su madre en 1912 tenía un año y medio, vivió en la casa de Nicolás Repetto y Fenia Chertkoff, a quienes quiso mucho. Sarita, reacia al culto a los muertos como buena socialista, ponía un ramito de flores frescas todos los días en el retrato de Fenia y alojó a Nicolás

Repetto en su propia casa, cediéndole un lugar de privilegio, hasta su muerte. Juan B. Justo visitaba a diario a sus hijos. Caminaba por Sucre hasta Amenábar todos las mañanas hasta la casa de su madre. Se reunían también con Alicia, pero Justo no quiso sumar a las tareas de Alicia y sus propias actividades políticas el cuidado de los seis hijos de Mariana. Mientras estuvo casada con Justo, los padres de Alicia tampoco vivieron con ella como hasta entonces. Los acogió en su casa Elena Champion, la hija de su hermana Luisa.

Justo tuvo desde los comienzos una vida política difícil, desde el Congreso Constituyente de 1896, a pesar de que Engels le había corregido de puño y letra la Declaración de Principios y los Estatutos. Esa noche no pudo dormir por las peleas que se produjeron cuando planteó la necesidad de formar alianzas con otros partidos y la condición de que los candidatos tuvieran derechos políticos, para obligar a la naturalización de los afiliados. Los grupos idiomáticos, como el Bund, los judíos que siguieron marchando con banderas propias hasta los años cincuenta, se oponían a la corriente "nacionalista" del Partido. Muchas de sus ideas no se aceptaron y él no aceptó a su vez ningún cargo directivo.

Uno de los hijos de Justo lo recuerda tirando a latas vacías con su pistola en la chacra de Los Cardales. En el caso de que el imperialismo norteamericano, inglés o alemán nos tratara como a Puerto Rico, había que ofrecer resistencia. El recomendaba "frecuentar los stands y los polígonos de tiro para aprender a manejar el fusil".

Los niños eran muy chiquitos pero sabían que estaba prohibido correr por el piso de madera de la casa de la calle Sucre, que se hundía. A Justo le dolía la pierna porque lo habían baleado el 7 de junio de 1916 en Tucumán y Reconquista, cuando investigaba el balance de la Compañía Argentina de Tabacos en manos de los ingleses, que disimulaba ganancias pagando un impuesto indebido al fisco británico. Entre los accionistas había argentinos:

Canter, Durán, Testoni. Justo los había atacado duramente, decía: "El trust del tabaco se titula Compañía Argentina de Tabacos porque es argentino el campo de sus depredaciones".

Era vecino de Delcasse, el propietario de la Casa del Angel de Barrancas de Belgrano, una zona muy oscura de grandes quintas. Delcasse dio orden a sus empleados de que dejaran los faroles externos encendidos toda la noche para que Justo tuviera luz cuando volvía tarde, caminando sobre las muletas.

Su sentido del deber lo llevó a protagonizar un espectáculo digno de Palacios, su rival en el estilo. Un día se trataba un asunto importante y se hizo llevar una cama a la Cámara. Llegó en camilla a la reunión de la Comisión de Presupuesto. En la sede del Partido, por una disciplina ilógica, no tomaba el ascensor porque el Comité Ejecutivo quería reducir su cuenta de electricidad.

En diciembre de 1927 Justo se enfermó. Las anginas solían derribarlo en cama pero esta vez estaba especialmente pálido y abatido, molesto por el encierro y la inmovilidad. Amaba la naturaleza y le gustaba sentarse en un banco rústico, bajo un ombú, a mirar la llanura. Según Alicia, ni entonces se dejaba dominar por la emoción estética, la contemplación no lo distraía de la certeza de que quien la alambraba y sembraba vivía en la miseria, en una covacha oscura de tierra y paja. Su amor era "comprensivo", era el amor del que se había inclinado sobre el microscopio y conocía la estructura celular, del que veía en profundidad. Tampoco era panteísta ni exhibía sus sentimientos como un poeta: "El amaba la naturaleza, pero amaba más la humanidad". Quería a los árboles por la fruta, la sombra y la madera que daban al hombre.

Había sufrido mucho con la deserción de los socialistas independientes. Once de los veinte diputados se iban del Partido y eran hombres brillantes como De Tomasso, a quien él había querido mucho. El motivo de la ruptura del Partido fue un pedido de intervención a la provincia de Buenos Aires. El bloque socialista lo había presentado por iniciativa de Justo, para satisfacción de antipersonalistas y conservadores, que querían complicar el futuro político de Yrigoyen. El motivo de Justo era una ley de la Legislatura Provincial que autorizaba establecimientos públicos de juego, "lo que constituye una amenaza gravísima a la moralidad y las buenas costumbres de la masa popular", decía en sus argumentos. Yrigoyen llegó a entrevistarse personalmente con él para decirle que en la provincia se daría marcha atrás con la oficialización del juego y los legisladores radicales yrigoyenistas lograron abolir las leyes de juego, casino, lotería, etcétera. Como los socialistas no habían hecho el pedido por causas políticas, lo retiraron. En disidencia, los independientes fundaron otro partido. Ese fue el último motivo de una batalla contra la ortodoxia, los códigos morales según los cuales el Partido se había transformado en una oficina de trámites de expulsión de afiliados. Justo debe haber previsto el debilitamiento que significaba esta ruptura, que los dejó casi sin bancas, porque los votantes se inclinaron por los independientes hasta que participaron en el golpe del '30.

Estaba en cama en la casa de la calle Sucre y los amigos médicos no lo visitaban, decían que el traslado no era fácil. Cuando murió Mariana Chertkoff, le había vendido su casa de Castelar a Mario Bravo y había comprado ésta de la calle Sucre. Sobre su mesa de luz tenía *Prometeo Liberado*, el poema de Shelley. En cuanto se sintió mejor, viajó a su chacra en Los Cardales.

Ni bien llegaba a Los Cardales salía a recorrerlo con un sacayuyos que usaba como bastón. Salir con el sacayuyos a caminar por el campo es un gesto inútil pero en Justo era un símbolo de que cualquier esfuerzo bueno era útil, decía Alicia. Conocía todas las especies y destruía las hierbas malas, las de engañosas flores azules, el cardo de Castilla, porque quería proteger el trigal y la pradera.

"Toda tarea posible debía ser hecha, hoy y siempre." También usaba su bastón en la ciudad, despejando clavos, basura, latas que pudieran lastimar a los otros. Por esta teoría del fin útil despreciaba la discusión estética del arte por el arte. Había que dar pan e ideas, lo otro eran lujos de parásito.

De sus paseos quedó una foto: Justo con traje, corbata y sombrero apoyado sobre la herramienta. El 8 de enero de 1928, en esa chacra murió, de un edema de pulmón. Fue en las primeras horas de la madrugada. Su hijo Juan era un niño de cuatro años. Escuchó ruidos, voces, gritos que lo despertaron. Eran ruidos no habituales, corridas, que lo llenaron de ansiedad y dejó la habitación que compartía con su hermano Luis. Bajó y vio a su padre sentado, agitado, agonizando. Alicia lo echó muy nerviosa. Estaban en el medio del campo, sin teléfono. La muerte de su padre quedó en su recuerdo como el ir y venir de personas que no le decían nada, que lo querían afuera del cuadro, y un hombre sentado, que era su padre, el mismo que pocos días antes había zamarreado a Luis y lo había puesto bajo el chorro de agua con furia y fuerza porque había comido bosta, ahora sin aire, desesperado por respirar. Alicia se reprocharía años después la inmovilidad que la sobrecogió esa noche. Una sangría pudo haberlo salvado.

Justo había escrito el testamento seis meses antes. En él nombraba a todos sus hijos y el registro civil donde había reconocido a cada uno de ellos, revelando que el viaje a Montevideo había sido un simulacro.

Esta es la expresión de mi voluntad para después de mi muerte y mi última voluntad respecto de mis bienes, hoy diez de junio de mil novecientos veintisiete. Mis hijos son Andrés, Daniel, Leticia, Aurora, Miguel y Sara, concebidos por mi primera esposa Mariana Chertkoff y Juan Roberto, Luis Nicolás y Alicia Marta, concebidos por mi segunda esposa, la doctora Alicia

Moreau, todos ellos reconocidos legalmente por mí, los dos primeros en el Registro Civil de Junín; Leticia en el de la capital, sección 2ª, el 29 de octubre de 1903; Aurora en la sección 9ª y 10ª el 15 de marzo de 1906; Miguel y Sara en el Registro Civil de Morón; Juan Roberto y Luis Nicolás en la sección 8ª de la capital el 21 de junio de 1923 y el 2 de octubre de 1924 y Alicia Marta en el registro civil de Belgrano el 6 de junio de 1927. Para tutor de mis hijos menores, excepto los tres últimos cuya madre ha de protegerlos y educarlos, designo a mi buen amigo el doctor Nicolás Repetto, de cuyo cariño por ellos espero la aceptación del cargo. Si por fallecimiento, enfermedad o excusa fuera necesario reemplazarlo, designo en segundo lugar tutor de ellos a su hermano mayor Andrés. Deseo que mis bienes se dividan en diez partes iguales y que cada uno de mis hijos y la doctora Alicia Moreau reciba cada una de esas partes. Todo lo que está en la casa que habito con mi esposa le pertenece a ella y lo que está en la chacra de Los Cardales (muebles de la casa) lo dejo a mi hijo Daniel. Si muero en vida de mi madre lego a mis hijos y mi esposa el quinto de mis bienes y ruego a mi querida madre y lo espero de su bondad que renuncie a favor de mis hijos y mi esposa a la herencia de la mitad de mis otros bienes, que según ley escrita le corresponde.

A Nicolás Repetto lo nombraba también albacea de sus papeles, para que, de acuerdo con su esposa, dispusiera de ellos y distribuyera sus libros. Pedía ser cremado y que sus cenizas fueran arrojadas al cinerario común, un funeral sencillo, el féretro cubierto por una bandera roja y otra argentina, o ninguna. Sin discursos. Como el testamento se conoció seis días más tarde, ese deseo no se cumplió. Los socialistas independientes, que habían roto el Partido y se pulseaban en las elecciones de abril con el viejo tronco, mandaron una gran corona que Alicia rechazó.

El día de la muerte de Justo, Alicia Moreau tomó una decisión: dedicar el resto de su vida a trabajar en el Partido. Si hasta ese día había sido una dirigente rigurosa, en 1928 se convirtió en un faquir. "Hay etapas en la vida", dijo entonces, "que no pueden medirse cronológicamente. Desde ahora mi misión es luchar por sus ideas y difundir su pensamiento".

No habrá lágrimas ni autocompasión desde la muerte de Justo. "Mi defensa, mi coraza era mostrarme fría y seria." De esa manera no se atrevían a enfrentarla, hablaban por detrás, pero ella seguía, pensando que estaba del lado de la razón. Quedaba en ella la imagen impresionante de su cabeza sobre la almohada, los ojos vivos, apenas dos horas antes de morir, mientras hablaban. De eso no dirá nada. Será desde ese día callada, poco comunicativa, más sarcástica. La decisión política que había tomado implicaba la reserva absoluta de los sentimientos, el ocultamiento de la soledad.

Un año después, el 8 de enero de 1929, Alicia escribió una carta que se salvó de la destrucción por un aparente descuido, si eso es posible. Tal vez ella misma, traspapelándola, quiso salvarla. La carta apareció muchos años después entre los papeles del archivo de Juan B. Justo y él ya no era en esa carta la personalidad médica o política de la que le hablaba a sus hijos. Era un hombre a quien extrañaba desgarradoramente, tentada por el deseo de creer en la inmortalidad.

"Era reprimida, soberbia, solitaria", dice un viejo compañero de militancia que no conoce esta carta. Lo dice por una nota que ella publicó en *La Vanguardia* en respuesta a otra del socialista uruguayo Emilio Frugoni, escrita a unos días de haber perdido a su esposa. La nota de Frugoni era *La elegía unánime* y era muy emotiva, insinuaba un más allá. La *herr professor* había contestado con un artículo de largo y didáctico título: *Después de la muerte no hay nada.*

Un cronista de los años treinta hacía la presentación de su entrevistada Alicia Moreau de Justo diciendo que esa mujer lo había sorprendido: no era ni un energúmeno del socialismo ni una huraña walkiria del feminismo. Quince años antes había abierto su consultorio, desconcertando a muchos que comprobaron que la "doctora socialista" no tenía bigotes ni anteojos, y no sólo era una mujer bonita, también era elegante. La imagen de época de una profesional en la política debía ser ésa: vieja, fea, iracunda y mal vestida. Alicia no lo era pero trató de serlo, o la hubieran arrasado. Sentimentalidad y flaqueza las dejaba para su soledad. Por eso esa carta, atesorada por Víctor García Costa durante treinta años, es el epílogo a la muerte de Juan B. Justo y la larga nota al pie en la vida de Alicia.

A la manera de un epilogo

por Víctor O. García Costa

Corrían los tiempos de la dictadura militar instalada el 28 de junio de 1966 y la doctora Alicia Moreau, en cuyo departamento de la calle Billinghurst 1189, 2º piso, nos reuníamos una vez por semana, nos transmitió con indisimulable angustia que su locador le había pedido que desocupara el departamento que alquilaba y que ello le traía serios problemas en cuanto al destino de la biblioteca y del archivo, que reunían los libros y papeles del doctor Juan B. Justo y de ella misma.

La doctora había asumido la Secretaría General del Partido Socialista Argentino –máximo cargo en la organización partidaria– después de la muerte en cadena, en 1965, de tres diputados nacionales y relevantes figuras del Partido: Alfredo L. Palacios, el 20 de abril; Emilio Carreira, el 6 de setiembre, y Ramón A. Muñiz, que era el Secretario General del Partido, el 11 de octubre. Pocos meses después, entre las primeras medidas, la dictadura había disuelto a los partidos y confiscado todos sus locales y bienes, y la Mesa Ejecutiva del Partido Socialista Argentino había encontrado en casa de la doctora un lugar de reunión que evitaba un nomadismo siempre problemático.

No eran tiempos fáciles, pero la doctora no sólo asumió la conducción del Partido sino que, rodeada por una generación de dirigentes que no era la inmediata siguiente a la suya, encabezó con su firma el juicio de amparo que la Mesa Ejecutiva entabló, con el patrocinio letrado del doctor Carlos Sánchez Viamonte, calificando duramente a la dictadura, y no faltó a ninguna reunión de todas las que se hicieron fuera de su casa, en algunos casos a decenas de kilómetros de la suya, y a las que inexorablemente concurría en transporte colectivo cuyos choferes, cuando la reconocían, se negaban a recibirle el importe del boleto.

También estuvo al frente de los que retomamos la sede partidaria de Sarandí 56, confiscada por la dictadura y semidestruida por el abandono, para hacer un acto reivindicatorio y provocativo en el que la doctora habló, dentro del local y a puertas abiertas. La verdad es que no éramos muchos los que estábamos allí a la espera de la represión policial, pero la dictadura, convencida de que se iba a quedar cincuenta años, ya había aprendido que era una tontería generar mártires innecesariamente y dio instrucciones a la policía para que no interviniese. Se frustró así nuestro objetivo de provocación a pesar de las insistentes llamadas telefónicas previstas por nosotros, que un compañero realizaba a la seccional policial desde el "cafecito" de la avenida Rivadavia al 2000, supuestamente hablando, "angustiado", desde el colegio religioso situado frente a la sede partidaria y "denunciando" el acto y el enarbolamiento de banderas rojas.

La nombro en la forma en que nos dirigíamos a ella: "doctora" o "doctora Moreau". Sólo unos pocos, especialmente compañeros del interior, le decían "doctora Justo". Aunque ella firmaba Alicia Moreau de Justo, siempre he creído que ese "doctora Moreau", sin aditamento de pertenencias, era el que íntimamente más le satisfacía al entenderlo como una forma de reconocimiento de sus valores propios.

Como yo estaba a cargo de la edición semanal de *La Vanguardia,* primero en la Secretaría de Redacción y después en la Dirección, solía quedarme con la doctora algunos minutos tras la reunión de Mesa que, por otra parte, abandonábamos individualmente para evitar problemas. La recuerdo allí, sentada en su mecedora, la misma en que se sentaba el doctor Justo, con ropas negras, color de su vestimenta con el que, desde hacía algunos años, había reemplazado al gris habitual y que alguna vez alteraba con una blusa negra y blanca o simplemente blanca. Fue entonces cuando, seguramente reconociendo mi vocación de incorregible "papelero", me dijo que, si estaba dispuesto a recibirla, ella me obsequiaba la papelería del archivo cuya selección haría en esos días. Por supuesto que acepté, orgulloso de ser destinatario del contenido de un viejo archivo en el que, sin duda y como así resultó, estaría registrada una gran parte de la vida política argentina y del movimiento socialista.

Fui a retirar el archivo el día y a la hora que la doctora me indicó, y como la casa en la que ella vivía no tenía ascensor, comencé la tarea de subir y bajar los dos pisos con carpetas y paquetes, una, dos, tres, diez veces hasta que al ver mi agitación, médica al fin, sugirió que su hijo Luis –que vivía con ella– mediante una bolsa y una soga, desde el balcón, bajara los paquetes que yo recibiría en la vereda. Y así fue hasta que, desde arriba, asomado sobre la baranda y cruzando las palmas de las manos hacia derecha e izquierda dos veces, Luis me hizo saber que la "operación archivo" había concluido.

Comencé entonces una tarea que llevó algunos años y que consistió en ordenar esa papelería sin que perdiera el orden –valga la redundancia– que sus antiguos formadores les habían dado, especialmente las carpetas parlamentarias del doctor Justo.

Una tarde, mientras trataba de localizar unas cartas de Manuel Ugarte a Juan B. Justo, escritas en París y que había visto entre las carpetas pero que no estaban aún registradas, encontré, plegadas, dos hojas de block de papel de carta, rayadas de ambos lados, con tres páginas evidentemente manuscritas por la doctora, cuya letra me era harto familiar, y fechadas en la ciudad bonaerense de Balcarce el 8 de enero de 1929, esto es, el mismo día en que se había cumplido el primer aniversario de la muerte del doctor Justo, ocurrida en Los Cardales.

Recuerdo que estaba trabajando de pie y al abrirlas y leer: "Hace hoy un año que Juan ha muerto...", vislumbré que tenía en mis manos un documento importante. Me senté y comencé a leer su texto con creciente emocionado sobrecogimiento al comprender que estaba penetrando en una manifestación personal, sentimental e íntima.

En los casi treinta años transcurridos desde que esa papelería está en mi poder, nunca hablé de esa suerte de epístola ni la mostré, reservándola para la oportunidad en que pudiera escribir sobre la doctora Moreau que yo traté, inclusive en reuniones secretas durante la última dictadura militar. Así las cosas, por intermediación de Miguel Unamuno conocí personalmente a Marta Cichero, que buscaba materiales para su libro sobre la doctora y a la que puse en conocimiento de la existencia de ese documento, aunque sin violar mi autocompromiso de reserva del texto, que Marta respetó.

Hace pocos días Marta me ha pedido un epílogo para el capítulo sobre Juan B. Justo, y convencido de que su labor cumplirá con la exigencia histórica de acercarnos, cada vez más, a la verdad posible, no he dudado en dar a luz ese documento que muestra a una doctora Moreau íntima, emotiva y sensible, oculta tras la tradicional adustez de una imagen exterior de la que ella, como en alguna medida también Alfredo L. Palacios, sin proponérselo, resultaron prisioneros. Dice así:

Balcarce. Enero 8/29.

Hace hoy un año que Juan ha muerto. En ese año muchas veces he reído con buen humor preguntándome cómo podía hacerlo. La terrible escena de su muerte que no se apartaba de mi recuerdo en los primeros tiempos, vuelve siempre pero sin producirme la misma angustia, la misma desesperación de impotencia. Cuánto ha penetrado en mí durante este año. Tal vez sea más mío que antes. Era una fuerte personalidad y las más grandes demostraciones de cariño no lo vencían, no lo doblegaban. Sentía siempre que tenía de él sino lo que me quería dar. Ahora tengo de él todo lo que puede contener mi recuerdo. Pero que triste posesión. Es la imagen en el espejo; escapa al tacto.

Cuánto me había habituado a él: aún hoy pienso ante un hecho nuevo o interesante, el encuentro con un tipo curioso, una noticia sensacional, alguna salida de los chicos, pienso que voy a referírselo y me parece ver su sonrisa buena e irónica y la mirada afectuosa de sus ojos queridos que he besado tantas veces. Querido Juan, amigo mío, amigo mío.

Cuánta falta me hace. He perdido esa sensación de vacío que me atormentaba en los primeros tiempos, como si me faltara un brazo o una pierna. Juan hablaba de la mutilación que es la pérdida de una persona querida y yo tenía la sensación de la mutilación. No me pasa ya eso de verlo caminando al lado mío o sentado en su escritorio, pero su recuerdo no me abandona nunca. Infinitas veces en el día pienso en él. ¡Lo veo en tantas actitudes familiares! ¡No quisiera que esas imágenes se borrasen nunca! Lo veo cuando hace muchos años me visitaba más joven y veo sobre todo su cabeza tan querida, apoyada en la almohada mientras conversábamos: dos horas después estaba muerto. Juan querido.

La idea de la inmortalidad me parece siempre absurda, para creer en ella tendría que rehacerme: pero esta constancia del recuerdo tan vivo, estas imágenes tan variadas y tan nítidas, cómo me dan por momentos la ilusión de que él está ahí y en el fondo, ancestral seguramente vive, aunque la rechazo como una vaga idea de su supervivencia. Pienso que él vive en sus obras, en sus hijos, que es esto lo que hay que querer y cuidar, que en esto es inmortal, pero a pesar mío, sueño a veces que no ha muerto, que lo volveré a ver.

Jamás me hubiera creído capaz de pensar semejante absurdo. ¡Qué consuelo debe ser la creencia sincera!

El año que ha pasado ha sido un año de trabajo. Cuánto he hecho y qué consuelo para mí esa participación en la propaganda socialista. Cuando me pidieron que hablara en el Colón no me creí capaz de hacerlo, temí flaquear, y el tiempo en que preparé el discurso fue un verdadero bálsamo, me alejó de los pensamientos dolorosos diarios, y desde ese momento acepté dar conferencias y eso me entonó.

Ahora que estoy en plena traducción de Teoría y práctica *¡cómo me siento en comunicación con Juan! Paso horas abstraída completamente como cuando conversábamos –Juan querido– aún no me parece posible algo tan monstruoso como su muerte, por momentos me subleva el mismo sentimiento de injusticia.*

¿Qué será de mí este año? ¡Cómo el cariño de los hijos no llega a satisfacerme! Debería pensar únicamente en el porvenir, tengo una tarea tan enorme ante mí; necesitaría vivir aún veinte años para educar los chicos ¿por qué sin embargo me parece mi vida sin objeto, sin aliciente, algo que será siempre incompleto?

En la mitad de la tercera página la epístola concluye, aunque da la sensación de haber quedado interrumpida, como si las emociones, involuntariamente, hubieran dado paso a las reflexiones y ellas ya no tuviesen lugar en esa carta.

He pensado que no había mejor epílogo –así lo ha llamado la autora de este libro al proponérmelo– que esa carta, que es un poco una carta a sí misma y otro poco a su Juan querido, en la que la doctora Moreau expresó su relación con Justo –una concurrencia adulta de amor, admiración y amistad–, recordó sus últimas horas con él, volcó sus angustias y temores, filosofó sobre la inmortalidad y refirmó sus obligaciones de madre y su compromiso político-social que cumplió con estoicismo ejemplar hasta el final de su vida.

Unión Ferroviaria
22 de agosto de 1994

EL PARTIDO

Cuando Alicia escribió la carta, estaba traduciendo *Teoría y práctica de la historia* al francés para sentir que trabajaba con las palabras de Justo, que estaba cerca de su pensamiento. Las traducciones eran una tarea que hacían juntos. En una carta a Macedonio Fernández en 1926, Justo le cuenta que ha pedido a su librero varias obras, entre ellas *Elementos de la Teoría del Conocimiento*, de Schuppe, que está "traduciendo con Alicia aunque su lectura está lejos de ser fácil o agradable".

Cuando se referían a Justo, todos destacaban su capacidad, su inteligencia, hablaban del organizador, del compulsivo trabajador. Macedonio decía: "Un socialismo profundo, y por tanto discretísimo, lo hacía casi un individualista. No creo que el socialismo haya tenido en ninguna parte un caudillo más inteligente ni más puro". Nunca había podido conmover la actitud mortalista y agnóstica de aquel amigo excepcional en fuerzas del espíritu. Justo había leído un solo libro suyo, *Psicología Atomística* y había sonreído con escepticismo y caridad. "Escribimos libros para convencer a nuestros semejantes desconocidos y no logramos persuasión en un amigo."

En los *Extractos de correspondencias espiritualistas*, el escritor presenta a los destinatarios en brevísimas biografías. De Justo dice que era ferviente, tierno y generoso, en la adustez de su obra disconformista. Había descubierto una parte que nadie, salvo Alicia, llegó a conocer: su sentimentalidad. Entre los socialistas sólo había relaciones institucionales. Dickmann y Repetto fueron vecinos en la calle Gaspar Campos, además de cuñados. A la mañana se saludaban sobre el ligustro:

–Buenos días, doctor.

–Buenos días, doctor.

Todos se trataban de doctor en tono reverencioso. Y Alicia, aún hoy en el recuerdo, es "la doctora". Ella no quería que se le descubrieran debilidades, velaba por las ideas de Justo, irritando a los miembros del Comité Ejecutivo que hubieran preferido una viuda más decorativa y protocolar. Alicia los interpelaba, argumentaba, se iba convirtiendo en la intérprete oficial del socialismo de Justo, haciendo resonar las palabras secas, punzantes, admonitorias en las paredes de la sede del Partido, como si fuera el comentario del fundador.

Algunas declaraciones de militantes del Partido dan cuenta de esta deliberada actuación:

Después de 1930, la doctora Moreau sueña con reconstruir el Partido; todo lo que puede dedicarle a eso se lo dedica, porque el Partido es su vida y su alma. Le interesaba más el Partido que su persona. Ese fue su sueño desde entonces. Para atraer a las mujeres a la vida política creó las Agrupaciones Femeninas, centros donde no era obligatorio afiliarse, y tuvieron mucho éxito.

La doctora era respetada, no era discutida. Fue elegida miembro del Comité Ejecutivo por el voto de los afiliados. Ya no ejercía como médica, era profesora en colegios secundarios. Se jubiló entre el 35 y el 40.

Ella militaba mucho, muchísimo, la docencia la hacía en el Partido. Es una voz del Partido. Cuando se escriba la historia del Partido Socialista no se va a poder dejar de hablar de ella, así como no se puede dejar de hablar de Justo, porque es el fundador. Es una figura en todo. En cualquier acto del Partido que se comente, en toda la vida del Partido está la doctora Moreau de Justo.

De las lecturas científicas, Alicia incorporó un lenguaje de laboratorio que usaba en los cuentos para *Vida femenina (la revista de la mujer inteligente)*, que empezó a circular en la década del 30. En uno sobre el optimismo que provoca la primavera, se preguntaba: "¿Es que nuestro protoplasma se siente aún hermano de aquel otro que, vertiginosamente se multiplica, hinchando las yemas, alargando los brotes, redondeando los cálices donde el fruto se forma?"

Palabras de manual científico interferían sus relatos. Una obsesión la llevó a ser maestra antes que médica: la educación racionalista basada en el conocimiento científico de la vida humana, en la observación directa: "Un círculo nunca interrumpido lleva al átomo de nitrógeno desde la molécula de sal incorporada a la tierra o al oscuro estiércol, hasta el pétalo y construye su brillante terciopelo o su gota de néctar o de esencia".

Ella creía que había que afrontar cualquier tema como el hombre de ciencia. Veía en la actitud del científico el esfuerzo mayor por despojarse del espíritu primitivo, que en todo creía ver una manifestación de lo maravilloso. Para explicar el mecanismo de un reloj, decía, el teólogo tomará la Biblia, el metafísico creará una hipótesis y el físico abrirá la caja.

En política esto significaba que la idea de lucha social del anarquismo, la de la bomba, había sido sustituida por el concepto más elevado de evolución y transformación. Los principios éticos devenían de la vida misma y ella no podía ser mejor amada que cuando se la estudiaba e interrogaba.

Había que aplicar a la lucha política la manera de pensar del hombre de ciencia, que era capaz de descartar una teoría valiosa cuando un conocimiento mayor la desmentía. Perseguir sus intereses personales era el fracaso. "Si el socialismo quiere el perfeccionamiento humano es evidente que su base tiene que ser la búsqueda de la verdad." Y después, solía decir, había que tener el coraje de soportarla.

De sus dos textos más importantes, uno es *El socialismo según Juan B. Justo*, un libro de 1946 dedicado a los jóvenes, donde toma la definición de socialismo de su marido y la expande, explicando en cada capítulo una parte de ella. Mensaje para desviacionistas, es la Biblia donde aparece un Justo empeñado en buscar la verdad y la equidad durante toda su vida.

Ha pasado mucho tiempo desde el entusiasmo por la revolución rusa, la admiración por los nihilistas y revolucionarios.

El socialismo no es una aspiración mística con algo de filantropía que se concreta en casas para obreros y aumentos de salarios ni una acción autoritaria. Tiende ante todo a la elevación del hombre. La transformación económica, la organización política son medios para alcanzarla y no fines en sí mismas. Si la colectivización de la propiedad conduce a la esclavización, se ha perdido de vista la alta finalidad de elevación humana.

En el verdadero socialismo no había verdades reveladas, ni dogmas como en Rusia, había ciencia. La idea de igualdad que había negado la sangre azul de los príncipes no era de origen religioso sino científico.

Sobre la mesa de mármol del anatomista, bajo el microscopio del histólogo, ninguna categoría social diferencia los órganos y los tejidos. La ciencia es profundamente igualitaria.

Los hombres comunes estaban hechos para el autoritarismo y la ciega fatalidad, para ellos tejían esa red educativa subterránea. Querían formar un hombre arriesgado, que no temiera la observación, el análisis, la crítica, la discusión.

El método para llegar al socialismo debía ser pacífico, y lo consideraban inseparable de la democracia. Ni el golpe de estado de Alem, ni los sabotajes anarquistas, ni la revolución violenta. En los primeros años, el Partido Socialista estuvo en conflicto permanente con los anarquistas, pero cuando el personal de *La Vanguardia* fue encarcelado y el periódico clausurado después del asesinato del comisario Ramón Falcón, publicaron un curioso manifiesto donde decían:

¿Por qué la oligarquía criolla se ha indignado tanto ante un acto de violencia individual cuando todos sus procedimientos gubernamentales se hacen en el fraude, la violencia y el crimen? ¿Tienen derecho a condenar un crimen engendrado por extraviado pero alto ideal humano? ¿Cuántos gobernantes argentinos llegaron a las alturas del poder valiéndose del asesinato y del crimen?

Para el Centenario se opusieron a los planes anarquistas de perturbar los festejos. Llegaron a entrevistarse con Dellepiane, el nuevo jefe de policía, buscando autorización para organizar un congreso. Pero ese año de 1910 un grupo "patriótico" incendió *La Vanguardia* y *La Protesta*, el diario anarquista, asimilándolos a un grupo con el que estaban enfrentados.

Alicia sentía verdadera indiferencia y desprecio por la

riqueza. Admiraba a Platón, Aristóteles, Tomás Moro por haber concebido la posesión única de la tierra y los medios de trabajo en sus sociedades imaginarias. Siempre releía a Aristófanes, "un hombre con verdadera libertad de espíritu", que había imaginado una sociedad comunitaria en *La Asamblea de las Mujeres*, en el año 393 antes de Cristo. Las mujeres de Atenas, acaudilladas por Praxágoras, habían dejado crecer su vello, se habían puesto barbas postizas, las túnicas de sus maridos y los zapatos lacedemonios para ir a la asamblea, y allí habían votado una ley que les entregaba la ciudad. Ellas ya tenían la administración y vigilancia de sus casas. Una vez en el gobierno impusieron un régimen de comunidad de bienes, un fondo común, y el que distraía sus posesiones de ese fondo era reo de sustracción de bienes.

—¿Qué vida vas a establecer? —le pregunta Blépiro el marido, a Praxágoras.

—Para todos común. La ciudad será una sola casa para los habitantes. Eso haré. De esta manera será como una sola habitación en que uno va pasando de aposento en aposento, sin límite.

—Y para comer ¿dónde?

—Lo que fue tribunales hoy será comedores y lo mismo los pórticos.

—¿Y la tribuna entonces?

—Allí se pondrán las grandes copas y las tinas de agua. Allí estará siempre un coro de niños para celebrar los hechos de los héroes y las derrotas de los cobardes...

A lo largo de la historia, los grandes pensadores consideraban obscena la acumulación de riquezas. Despreciaban las joyas, las piedras, los metales preciosos. En *El Dorado* de Voltaire, los niños juegan con diamantes como si fueran piedras y el oro es barro.

Esta actitud —decía Alicia— *es la de los hombres profundamente heridos por la desigualdad social, la miseria y el sufri-*

miento, y que ven, en la mala distribución de la riqueza la causa de todas las injusticias. Suprímase esa causa y la armonía, la paz y el bienestar reinarán entre los hombres...

A los que los acusaban de reformistas les respondía que, pasado el período de los "sueños" de un mundo sin miseria ni desigualdades, venía el esfuerzo cotidiano de la defensa del pueblo y que las mejoras eran compatibles con el régimen capitalista. Los socialistas científicos consideraban demasiado simple, ineficaz el mecanismo de expropiaciones y confiscaciones. Una transformación social trascendente era irrealizable con edictos o golpes de mano. Creían en la propiedad social basada en la cooperación "libre y consciente". No era cuestión de abolir los derechos legales de los propietarios sino de que la dirección pasara a manos del pueblo. En estas nuevas condiciones, disciplinados los ciudadanos en un sistema de producción en gran escala sobre bases técnicas, las relaciones de trabajo se iban a modificar: serían libres, inteligentes, equitativas.

Alicia escribió un folleto de propaganda *Doña Juana Pueblo y la Cooperación Libre* en el tono didáctico y paternalista que los socialistas elegían cuando se acercaban al pueblo. Era un encuentro entre vecinas para explicar el abc del cooperativismo, en el que la Amiga le aseguraba a Doña Juana que compraba en "su" almacén las mejores mercaderías a los mejores precios, sin riesgo de ser estafada, porque no había fines de lucro en él.

Doña Juana– ¿Su almacén? No sabía que lo tuviera.

La Amiga – Oh! No me pertenece sólo a mí. Sólo soy dueña de una pequeñísima, insignificante parte, pero esto me da todos los derechos; en nuestra asociación tenemos todos derechos iguales... Cuando entramos en ella lo hacemos con entera confianza.

DJ– No faltaba más, siendo usted socia.

LA– Sí, ese temor de ser engañados donde haya quien nos quiera vender algo, no lo sentimos. Los vendedores son compañeros nuestros, les saludamos con cariño y si algo encontramos mal sabemos que nosotros podemos y debemos remediarlo. Imagínese Ud. la suerte de un obrero inglés, socio de una cooperativa. Puede él habitar un departamento en una de esas grandes casas colectivas construidas por su cooperativa, amueblado con los muebles fabricados en sus propios talleres. Se sentará a tomar su desayuno ante una mesa cubierta con un mantel que viene de su propia fábrica de tejidos, comerá su acostumbrada panceta ahumada con huevos fritos, producto de su propia granja y beberá el té que viene de su propia plantación.

DJ– ¡Ni un rey podría decir otro tanto!

LA– Y lo que es más hermoso es que esa riqueza no lo envanece, no lo vuelve avaro, no despierta en él codicia ni violencia. Porque es la riqueza colectiva, el bien de todos. Cada vez que un almacenero pesa 1 kilo de mercadería puede olvidar 50 gramos... ¿Quién tiene interés en engañar en las cooperativas? No hay dueño que se beneficie. Si las malas pesadas dieran ventaja, ésta sería repartida entre los asociados...

DJ– Es muy cierto.

LA– La cooperativa no engaña ni en el peso ni en la calidad. ¿Cree usted que habría ventaja para los socios en comprar café adulterado con porotos tostados o yerba mezclada con yuyos? El fundamento moral de la cooperación es que el lucro ha desaparecido. El lucro por el cual la humanidad engaña, falsea, persigue y mata. El sistema de la cooperación hace inútil el engaño o la falsificación.

El movimiento de cooperadores modificaba la sociedad. La historia se iba a reescribir desde la fundación de la primera cooperativa. La Amiga le decía a Doña Juana que este nuevo sistema era un cuento de hadas hecho realidad: "¡Si Usted viera los palacios que tiene la cooperativa inglesa!" Todo había empezado en Rochdale hacía cien años, cuando un grupo de tejedores en huelga había juntado sus ahorros para comprar al por mayor los alimentos y evitar la ganancia del almacenero. Cuando terminó la huelga, los resultados habían sido tan buenos que abrieron una tienda en una callecita llamada Pasaje del Sapo. Los *pioneers* de Rochdale establecieron las reglas de los cooperadores de todo el mundo, y crecieron al punto de sostener sus fábricas, plantaciones de té, vapores para transportarlo... A pesar de ser científicos, los socialistas argentinos decían que el cambio era de orden espiritual. Una frase de Juan B. Justo cerraba el libro de Alicia:

Más que una teoría histórica, una hipótesis económica y una doctrina política, el socialismo es un modo de sentir, pensar y obrar que vigoriza y embellece la vida de los individuos como la vida de los pueblos.

Alicia jamás pensó en volver a casarse. Después de la muerte de Justo integrar el Comité Ejecutivo fue para ella una gran responsabilidad. No había tiempo para la vida social: los padres estaban a su cuidado, los hijos eran muy chicos.

Al tiempo, vendió la casa de Belgrano y alquiló un caserón de diez habitaciones y dos mil quinientos metros de terreno en Ramos Mejía. La entrada central, de la vereda a la casa, era un bulevar de glicinas; a la izquierda había un jardín donde jugaban los chicos, a la derecha la huerta, que ella supervisaba.

En la inmensa casa vivían Armand y Louise, viejitos, que tenían una relación distante con los nietos. Hablaban en francés con Alicia y se sentaban juntos, un poco apartados de los demás; él a tallar planchas de cobre y ella a escuchar ópera. A veces Armand hacía algún chiste en castellano. A Loulou, la hija de Elena Champion, con quien había vivido durante los años del matrimonio de Alicia con Justo, le decía "rascabuche" porque comía muy despacio. Armand murió en la casa de Ramos Mejía. Un día no se despertó. Juan detectó su muerte, tenue y sin enfermedad ni agonía, cuando parecía dormido en su cama. Louise murió de la misma forma, unos años después.

La distancia que había con los abuelos Moreau quizás se debiera no sólo a la diferencia de años sino a que los hijos de Justo fueron los únicos nietos que no hablaron francés. Las versiones sobre el por qué no hablaban en francés con ellos son dos: la primera, Justo no quería que aprendieran mal dos idiomas; la segunda, Alicia no quería que aprendieran mal dos idiomas. Alicia no sólo se hizo cargo de sus padres y de sus hijos. Su hermana mayor Luisa volvió de Francia después de diez años y murió cuando su hija Elena tenía quince, dejándola huérfana. Alicia llevó a su sobrina a su casa y la cuidó porque había enfermado de septicemia en un tiempo sin antibióticos. Le daba un extraño medicamento: antipiógeno.

Con su hermano Santiago no contaba, él era inventor de aparatos imposibles como el fotoliptófono, un rodillo donde se grababa. Por confiar en ese invento e invertir en él, Gastón Champion el marido de Luisa, había perdido una casa de la calle Lerma y se había vuelto a Francia resentido y furioso con Santiago para siempre. El hermano mayor de Alicia se había casado y tuvo dos hijos varones, Jorge y Marcelo, que también visitaban la casa de Ramos Mejía. Algunos familiares de la rama Justo comentaban que Alicia educaba a sus hijos como salvajes, corriendo semidesnudos y descalzos por la tierra... ¿Cómo iban a crecer, a madurar, a estudiar? Con los años, creyeron ver en la sencillez de sus hijos varones aquella crianza en medio de la naturaleza y lejos de la ciudad.

En la casa de Ramos Mejía también vivía Agustín Garberoglio, "Tin", el jardinero-cocinero-niñero y hasta guardaespaldas en épocas difíciles. Agustín era soltero y analfabeto, un desafío que Alicia no podía eludir, pero no pudo alfabetizarlo. Dicen quienes lo conocieron que puede haber sido disléxico. Por un tiempo, Alicia siguió dictando clases, tenía el máximo de horas. Luego se jubiló y vivía muy bien, pudo comprarse un Ford A que manejó hasta que ella y la hermana de Agustín chocaron. Fue tan grande el susto que lo vendió.

Nunca pensé en volver a casarme. Justo tenía una gran personalidad que yo he admirado profundamente antes y después de casarme con él. En el 30, dos años después de la muerte de mi marido, formé parte del Comité Ejecutivo, lo que significaba una enorme responsabilidad. Además, tenía que criar tres hijos, asumiendo el doble papel de mamá y papá, lo cual no fue ventajoso para ellos... Siempre he sido afectuosa, sobre todo con los chicos. Tengo tres hijos: Juan Roberto el mayor es cirujano, trabaja en Comodoro Rivadavia; Luis el segundo es escritor y periodista, un solitario; Alicia la menor es abogada y tiene una hija.

Juan era sólo diecisiete meses mayor que Luis. Cuando entraron al colegio, Alicia decidió atrasar a Juan y adelantar a Luis. Pudo hacerlo por sus "contactos docentes", y estudiaron juntos desde primer grado hasta el secundario. Los vestía igual; hasta les compró, como cualquier madre de la época, dos trajes de marinero idénticos que ellos odiaban. No los dejaba jugar al fútbol pero ellos se escapaban saltando el portón para ir al potrero del barrio. Alicia hubiera preferido que practicaran gimnasia sueca, la calistenia, una actividad que desarrollara el cuerpo. El deporte como entretenimiento le parecía embrutecedor. Detestaba el fútbol tanto como el tango. Nunca pudieron escuchar en la casa, ni decirles Juan y su mujer, cuando vivían con ella, que iban a bailarlo. Era tradición reunirse en Ramos Mejía a fin de año. Tendían largas mesas en el jardín para las dos ramas de la familia, los Moreau y los Justo, porque llegaban muchos parientes a la casa. Era un festejo no religioso, al estilo del norte de Europa. Alicia hacía preparar a diario –incluso a veces cocinaba ella misma aunque nunca le gustó– una comida nutritiva y variada; siempre ofrecía "segunda dosis" a los chicos. Pero para Navidad su especialidad era el *plum pudding*, un operativo culinario de veinticuatro horas para el que había que ablandar bizcocho, pan, bollos en leche y sacar las semillas de las pasas de Corinto. A los chicos los mandaban a la cocina a sacar semillas y ahí pasaban horas con el cuchillito, como condenados a muerte.

Los dos varones habían firmado un pacto de agresión contra Lizzie, la protegida de Alicia. Cuando se burlaban de ella, miraba primero a un hermano, después al otro y con premeditación gritaba: ¡Mami! Sabía que Alicia iría corriendo a pegarles unos coscorrones.

Para Carnaval los chicos tenían prohibido disfrazarse: los socialistas tenían al Carnaval por una costumbre primitiva, que poco a poco la civilización iría arrinconando, según decía Galdós en *La Vanguardia*. A la hora de la siesta ellos se ponían ropa vieja, se pintaban la cara y salían a pedir limosna por el barrio, simulando ser pobres. ¡Por lo menos ser linyeras! Los vecinos les daban pan y monedas.

Alicia sostenía que la mujer con hijos no debía trabajar, que era criminal que trabajara, nadie podía reemplazar a la madre. La indignaba que se dijera que dedicarse a los hijos inferiorizaba. "De una comprensión y dedicación total a esa primera infancia saldrá un mejor hombre del futuro." No había nada superior a la formación del hombre. A las mujeres que tenían una fuerte vocación les recomendaba no ser madres. Ella lo había hecho a costa de un enorme sacrificio, que no todas las mujeres estaban dispuestas a hacer. Ahí estaba su reloj eléctrico, el que le regaló a María Victoria, la mujer de Luis, el que la había mantenido en movimiento toda su vida. Se levantaba a las cinco de la mañana y trabajaba hasta la madrugada del día siguiente para dar clases y atender a los chicos.

Finalmente, confesaba ella misma, había abandonado

para siempre su profesión de médica por sus hijos, "el gran impedimento". Por ejemplo, la obsesionaba la idea de llevar la poliomielitis a su casa, una enfermedad que empezaba con una fiebrecita, un malestar pero era mortal. En los primeros años los chicos habían tenido una madre alegre, que cantaba antiguas canciones francesas. Se fue poniendo sombría con los años, escuchando las noticias y óperas en Radio Nacional o el Sodre de Montevideo. La ópera era un género muy popular, masivo, eso explica que el Teatro Colón se haya iniciado como una empresa privada. Los actos socialistas siempre empezaban con un número operístico y Justo solía silbar Tannhäuser. La ópera preferida de Alicia era Boris Godunov.

Cuando los hijos crecieron, Alicia hizo muchas giras proselitistas por el interior del país. Una de ellas, según esta carta firmada "mami" que les mandó a Ramos Mejía, no pudo terminarla por el insoportable calor. Sobrellevarlo debe haber sido inhumano porque muchos militantes la recuerdan volviendo de Mendoza en un viaje infernal por el ruido y el calor, en el tren-coctelera al que le habían enganchado un vagón de carga, sin quejarse.

Todo lo de Alicia empezaba con una propedéutica, como esta carta. "Nunca perdía la oportunidad de enseñar algo", dice su hijo Juan.

Nov 6. Salimos de Jujuy a las 8. Nos acompañan en la estación Esteban Rey y la señora Bustos, Clement Moreau, el dibujante. Hemos tenido una buena jornada de trabajo, visto cosas interesantes. Jujuy está a 1259 m enclavada entre sierras y encerrada x 2 ríos, el grande y el chico: ciudad plana, con mucha construcción antigua, que está cediendo el paso, poco a poco, a la moderna. Calles angostas, sin árboles a pesar del sol que pega fuerte. Hemos visitado la Catedral donde se admira el púlpito, trabajo de los indios esculpido en quebracho, pintado y dorado. Frente a la Catedral está el Cabildo, construcción que viene de la Colonia y se conserva intacta. La ciudad rodeada de sierras casi siempre azuladas, tiene en las márgenes de sus dos ríos las partes bajas pobladas por los pobres, sus innumerables casuchas de lata y barro son la repetición de lo que estamos hartos, saturados de ver. Son las 4. Hemos pasado R. de la Frontera, sólo ahora me animo a escribir. Esta es, seguramente, la peor parte del viaje, hace un calor sofocante. A pesar de los ventiladores, el buen asiento del coche pullman, esto es pesadísimo. Ansío llegar a Ramos. ¡Qué otra cosa hubiera sido para mí el viaje si hubieras estado conmigo en vez de esta hosca y muda compañera! Estaba hablándoles de Jujuy. Hicimos un paseo a las termas de Reyes, en la sierra. Saliendo hacia el N están las termas; las aguas brotan a más de 80º y tienen grandes virtudes medicinales. El lugar es magnífico. El gobierno provincial ha construido un hotel cuyo costo total debe haber alcanzado a dos millones y medio. Actualmente está vacío pues el gobierno nacional no admite más ruletas que las suyas. El hotel por lo tanto no funciona y las cosas se apolillan. Ayer visitamos por la tarde la fundición de hierro de Zapla. Pertenece a las fábricas militares. El hierro se extrae de la montaña, parece ser una veta muy rica. Por primera vez he visto un alto horno. Las instalaciones para obreros también muy interesantes.

Estamos en viaje a Tucumán donde hablaré mañana jueves. Trataremos de estar en Córdoba el sábado y de regreso en Buenos Aires el lunes.

Sigue y sigue el calor: la tierra entra por todos los poros. Hasta luego.

Ya estamos en la provincia de Tucumán, dentro de tres horas llegaremos a la capital. El viaje se nos hace largo. Acabamos de pasar por nubes de polvo tan tupidas que no se veía nada. Respiramos, tragamos, oímos polvo. ¡Qué tierra seca! Conforme deja de llover la tierra se levanta. No hay pasto que la fije. La formación de monte seco, retorcido, espinoso es lo que predomina.

Al salir de Jujuy empezamos a conversar con una boliviana que parece mujer de agallas. Partidaria de Villarroel al que considera víctima del capital yankee. Todo ha sido pagado. No fue un levantamiento del pueblo. Este estaba con Villarroel por la gran obra realizada. Paz Estenssoro es una excelente persona, etc, etc. Le pregunto si Villarroel era como Perón y la comparación le encanta, y como Yrigoyen agrega. Ahora su partido espera las elecciones, las mujeres van a votar. Al escucharla aparecía realmente un odio de clase tremendo, contra las damas que no hacen más que fumar y beber o acudir a citas, contra los magnates de las minas. Ahora aparece también Braden en danza porque tiene minas en Chile. Como yo le dije que aquí tenemos a Paz Estenssoro por nazi, protestó. Nosotros no tenemos nada que ver con el nazismo, sólo queremos el bien del pueblo. Estaba frente al tipo de la mujer peronista al 100%. En la estación Perico donde bajó vimos cantidad de coyas que con el calor que hacía aguantaban sus polleras superpuestas, sus mantos y demás cosas inclusive al hua hua —sic— *(chico) atado en la espalda, contento con su suerte. A ella le quedan libres los brazos para llevar los fardos. Fuera de los empleados de la estación no vi ningún hombre llevando fardos. ¡Pobres mujeres! Vamos a ver qué hacen con el voto.*

Tucumán 7

Hemos resuelto regresar a Buenos Aires. Hace demasiado calor para seguir en esta gira y estamos las dos cansadas. Recibirán un telegrama indicando día y hora pues aún no sabemos cuándo salimos. Besos y abrazos de mami.

Alicia Moreau disfrutaba mucho esa casa, la pérgola, los lirios, pero los viajes al centro de la ciudad por la militancia empezaron a pesarle. Compró un terreno en la calle Bacacay, en el barrio de Caballito y construyó una nueva casa que ayudó a diseñar, con un *living* al fondo mirando el jardín, y un comedor y cocina unidos por una ventana rebatible. Los veranos iban a una casita en el Tigre que había comprado con unos pocos pesos. Ya tenía más de cincuenta años y necesitaba apartarse del activismo político los fines de semana y los veranos. Ella se sentaba a leer en un sillón de mimbre a la sombra de los árboles, mientras los chicos salían a comprar cajones de fruta con Agustín. Su sobrina cree recordar que no los dejaba bañarse un tiempo largo porque en la época se decía que el agua debilitaba; su hijo sólo recuerda que les pedía que fueran prudentes. En alguna vacación en las sierras de Córdoba, como su padre, hizo unos grabados sobre madera: uno era un pájaro con las alas abiertas, protegiendo tres pichones. Recién después de algunos días, cuando se evadía de las disputas partidarias podía hacer trabajos con las manos, recuerda Juan.

Como madre de adolescentes era victoriana. Maquillaje, cigarrillo, juegos de mesa eran vicios. Una tarde debían volver del Tigre y tuvieron que esperar a uno de los varones un largo rato porque se había ido con una chica. A la vuelta, aguantó todo el viaje en silencio y dos cuadras antes de llegar a la casa le dio un golpe. A Juan le enseñaron a jugar al póker cuando era estudiante universitario, en la casa de su prima Elena Champion, donde dormía algunas noches porque la familia vivía cerca de Medicina. Si tocaban el timbre y sospechaban que podía ser Alicia, escondían las cartas y borraban las huellas del garito muy minuciosamente.

Alicia atravesaba la espesa capa de las murmuraciones y se sentaba, silenciosa, en las reuniones de Comité. Los últimos años, apoyaba las dos manos sobre el bastón. Escuchaba. Sólo al final, en voz suave, hacía algún comentario irónico. Impávida, decían todos, rígida, dura.

En el año 57 comenzaron las discusiones con los ghioldistas que fundarían el socialismo democrático. Todavía no se había producido la ruptura pero la violencia

Retrato aparecido en la revista Nuestra Causa, *cuando a su regreso de los Estados Unidos fue ungida por las feministas como su líder, que publicaba su conferencia* La acción social de la mujer estadounidense *en la Sociedad Científica Argentina, febrero de 1920.*

Enrique Del Valle Iberlucea, su primer amor.

Juan B. Justo.

Alicia Moreau con la familia de su marido Juan B. Justo. La mujer del pañuelo es Aurora Castro, la madre de Justo, que crió a cinco de los seis hijos de su primer matrimonio con Mariana Chertkoff.

Alicia con sus padres, su hijo Luis y Roberto Champion, el hijo de su hermana Luisa y Gastón Champion.

Los hijos de Alicia Moreau y Juan B. Justo:
Juan, Lizzie y Luis.

Alicia Moreau con su hijo Juan en Mar del Plata.

Armand y Louise Moreau, Gastón Champion, Alicia, Santiago Moreau y su mujer Andrea.

Reunión en la sede del Partido Socialista.

Juan B. Justo y Enrique Del Valle Iberlucea, con bastón. Justo le remitía desde Junín los problemas legales entre arrendatarios y propietarios. Años después se enfrentarían por su posición frente a la Tercera Internacional de Moscú.

Los funerales de Juan B. Justo. Al lado de Alicia, Andrés Justo, hijo del primer matrimonio de Justo con Mariana Chertkoff.

Retrato.

Octubre de 1941, en una disertación radial.

La revolución Libertadora.
Alicia es miembro de la Junta Consultiva Nacional.

de los discursos era feroz. Después de una reunión del Comité Nacional en Sarandí 56, los hechos fueron tan graves que se nombró una Comisión Especial de Disciplina –uno de cuyos miembros era Carlos S. Fayt– para investigar y presentar sus conclusiones al Comité Ejecutivo. Se habían presentado unos matones simpatizantes de Ghioldi que vivían en un conventillo de Bernardo de Yrigoyen. Eran ex comandos civiles y empezaron a insultar a Alicia, a María Berrondo, a Alfredo Palacios. Los hombres y mujeres del Partido a quienes más respeto se debía fueron los más vejados. A la doctora y María Berrondo no se las respetaba siquiera, decía el informe, en su carácter de mujeres. "A vos lo que te hace falta es una..." Alicia bajó las escaleras de Sarandí entre los hombres a las trompadas, insultada como Palacios a quien le gritaban payaso y fantoche y subieron a un coche, donde les golpeaban la carrocería y los vidrios a puñetazos. Desde el coche vieron que a Muñíz lo habían acorralado y bajaron a rescatarlo. Palacios les gritaba: "¡Cobardes, miserables, si son valientes vengan de a uno!"

Alicia Moreau quiso mucho a Alfredo Palacios, a pesar de que él se había autodenominado el más peligroso rival político de Justo en el Partido. Rival en lo amoroso había sido Enrique Del Valle, rival en lo ideológico De Tomasso el *libertino*, rival en el estilo Alfredo Palacios, que pudo disputarle el liderazgo, decía, si no lo hubieran expulsado. Esto lo creía porque cuando fue elegido primer diputado socialista de América por La Boca, donde era muy popular entre los trabajadores garibaldinos, mazzinianos, carbonarios, Justo lo acompañó en los festejos del barrio y alguien le gritó: ¡Viva el segundo Palacios!

Alicia lo admiraba muchísimo. Decía que era un hombre de gran talento y de gran corazón. Siendo jóvenes, habían ido juntos a visitar a Guido Spano cuando agonizaba y nunca pudo olvidar la imagen del viejo poeta sentado en la cama, con las piernas muertas y la cabeza de apóstol totalmente blanca.

Yo no me había recibido de médica y aquello me impresionó como un canto al idealismo. Entre el hombre viejo que se moría y ese otro que empezaba a vivir. A veces pienso cuánto hermoso esfuerzo de gente como aquélla se ha perdido. Cuántos trabajos de hombres importantes como ellos ha caído en la nada. Y no me resigno a pensar que así es la civilización. Palacios pudo haber llegado a cualquier cosa. Su verba era para la época. Su idealismo lo conquistó para el socialismo. En cambio Justo, era ante todo práctico. Aún en el campo más abstractamente científico.

Ella misma los oponía. Siendo muy jóvenes, podrían haberse cruzado en la Revolución del Parque de Artillería. El padre de Justo era amigo de Alem y estaba con él en las terrazas del parque con el fusil, junto a Carlos Palacios, hermano de Alfredo.

Palacios era hijo ilegítimo de un abogado uruguayo y decía que había sido su madre Ana Ramón, una joven muy religiosa, la que lo había iniciado en el socialismo el día que puso en sus manos el Nuevo Testamento, con el Sermón de la Montaña.

Su política era teatral. Cuando se recibió de abogado en 1900, a los veintiún años, puso su placa de bronce en la casa de Bolívar 268, donde decía: "Abogado. Atiende gratis a los pobres". En la pequeña guerra liberal-clerical que se libraba en la ciudad también estuvo: después de las representaciones de la *Electra* de Galdós, salía con los otros espectadores en manifestación gritando "¡Electra, mueran los frailes!", de chaleco rojo y melena.

En cuanto se afilió tuvo problemas, porque a los veinte días inauguró un Centro de Obreros Liberales con un espiritista. Dentro del Partido se desconfiaba de los amigos masones y espiritistas de Palacios. Pero fuera del Partido era tan popular, que Jorge Newbery lo buscó cuando necesitaron reflotar el Aero Club. El viaje en globo era una novedad que se imponía pero el globo *Pampero* se había perdido sin dejar rastros y la gente tenía miedo. Disminuyó el interés por esos viajes. A pedido de su amigo Jorge Newbery, Palacios subió a un globo que soltaron desde Los Ombues, hoy Luis María Campos y Olleros, y luego a otros hasta que un día el viento arrastraba al río y el amigo aeronauta se opuso a que embarcara porque Palacios no sabía nadar. "¿No subir habiendo tantas damas? ¡Prefiero ahogarme!", dijo el galán.

En la Cámara se acusaba a los socialistas de enemigos de las instituciones, de logreros, vividores, propietarios, sectarios. A cada ofensa, Palacios mandaba los padrinos. El duelo en el Partido estaba prohibido por bárbaro desde 1896, pero él esquivó las sanciones hasta 1915. Un año antes, Justo lo había esperado a la salida del Congreso Nacional para decirle: "Usted ha triunfado. Ha sido un caso clavado de sugestión verbal". Pero en 1915 lo expulsaron, sin derecho a apelación.

Palacios renunció a la banca de inmediato. Los balcones estaban repletos cuando pronunció su discurso de despedida en la Cámara:

Una disidencia en materia de honor me separa del Partido... y debo irme. Mi honor, señores diputados, es mi dignidad exteriorizada en el conjunto de actos que forman mi conducta. Y nada hay más subjetivo que la dignidad: no he de discutirla.

Ese socialismo argentino, nacional y popular, representado por este personaje extravagante y bizarro, era execrado por la conducción del Partido. Como decía Alberto Gerchunoff, que le escribía borradores de ideas a cambio del café con leche en los cafetines de La Boca, Palacios recordaba aquel espíritu aristotélico, que amaba la filosofía, los versos, las luchas ardientes, los episodios extraordinarios, la existencia heroica. Con el paso de los años Palacios se fue pareciendo cada vez más a su caricatura. Usaba un moño, el sombrero mosquetero con el ala levantada, el poncho al hombro, los bigotes manubrio, congelado en el personaje de la *Historia Funambulesca* del profesor Landormy, el cómico Aristóbulo Juvenal Izquierdo. Justo no toleraba ese personaje y Palacios podrá volver al Partido recién después de su muerte.

Y para protegerla a Alicia, a quien no dejaban hablar en aquellas reuniones caníbales entre socialistas argentinos y democráticos.

"¡Dejen hablar a la señora!", había gritado Palacios en el congreso de Rosario de 1958 cuando interrumpían su defensa por las críticas a la dirección de *La Vanguardia*. Alicia había asumido la dirección el 14 de diciembre de 1956, hecho que registró la revista *Time:* "En la sencilla oficina, con su pintura apenas blanqueada y bajo una vieja fotografía de Juan B. Justo, un nuevo director trabaja duro desde la semana pasada". "Un Hombre, una Mujer, un Partido", ironizaban los que resistían a la viuda. Ella conocía los comentarios insidiosos, las sonrisas sobre las circunstancias en que Justo había muerto "gloriosamente".

El proceso de impermeabilización al que se sometió fue eficaz, causaba asombro entre sus propios compañeros y seguidores. Algunos la recuerdan llegando a una reunión secreta en el barrio Unión Ferroviaria un invierno feroz. Eran los años de Onganía, y el movimiento de coches hubiera sido sospechoso. Tenía ochenta años pero llegó a pie como los demás, después de haber caminado varios kilómetros desde la estación Ezeiza. Todos se acercaban a la chimenea, encimaban un leño, ateridos, se calentaban las manos. Ella se quedó sentada en una silla que había elegido, al lado de la puerta de vidrio. A la madrugada, salió con los otros y se perdió en la niebla.

MUJERES

Alicia Moreau admiró a todas las mujeres que se destacaron en la política menos a una y entre los políticos admiró a Roosevelt, a quien llamaba "el gran político de visión clara y generosa". Los que la recuerdan poco demostrativa en quebrantos sentimentales dicen que la muerte de Roosevelt la hizo llorar.

Tenía la teoría de que toda mujer que se destacaba era feminista, aun Margaret Thatcher aunque no lo pareciera, porque se había impuesto en una sociedad claramente machista. La primera ministra inglesa demostraba que la relación entre electorado femenino y poder real estaba cambiando, ¡si hasta había manejado una guerra!

—¿Le gustaría conocerla?, le preguntaron.

—En un jardín zoológico.

—¿Adentro o afuera de una jaula?

—Adentro de la jaula de las panteras.

El feminismo de Alicia era atípico: cualquier mujer notoria lo representaba, y al mismo tiempo consideraba criminal que la mujer con hijos chicos trabajara, el trabajo para la mujer era un "mal necesario".

Y en cuanto a las mujeres conscientes, porque las había gobernadas por el azar, indiferentes a las causas de sus problemas, ajenas a su condición de seres sociales, podían caer en graves errores.

Las primeras feministas habían usado cuellos duros, corbatas, galeras y hasta pipa para reafirmar sus ideas de igualdad. En cierto modo se justificaba porque era la época de las crinolinas, las faldas rastreras, los sombreros inverosímiles. Alicia consideraba mucho más grave que esa imitación externa la copia de la interpretación de la vida. Víctor Margueritte, un defensor de la emancipación femenina, había publicado por los años 50 *La Garçonnière*, el relato de la liberación de una joven de la clase rica, tras "penosas y turbias experiencias" de orden sexual.

Jamás se podrá considerar prueba de independencia el hecho de que una mujer fume, beba o tenga una garçonnière —decía Alicia—. *El vicio cercena la libertad tanto en el hombre como en la mujer; y más de una que lleva en su bolso el paquete de cigarrillos junto al lápiz de* rouge *sólo eso tiene de moderno y sus ideas y creencias pueden hacerla de mente tan estrecha y servil como sus antepasadas más lejanas.*

Lo que emancipaba a la mujer era el uso de la razón y de la inteligencia, un trabajo, el conocimiento de sus derechos y su responsabilidad social, el afán de progresar, capacitarse, sin renunciar a sí misma.

Más que feminista, Alicia Moreau había sido una joven poco convencional. Las convenciones le parecían una manifestación de ignorancia, ella se jactaba de su anticonvencionalismo de principios de siglo. Acatar las costumbres y no desarrollar actividades políticas o intelectuales era de mujeres sumisas. A sus amigas de entonces no les abría la puerta hacia el combate porque sabía que no iban a entrar por ella –todas eran más convencionales– pero no se sentía sola porque tenía a su padre, que la acompañaba y estimulaba su pensamiento. Además, era una lectora, "¿hay mejor compañía que un libro?"

Estaba un poco aislada de las mujeres de su edad. Sus primeras compañeras aparecieron con la militancia política: una fue la directora de *Ciudadana*, María Berrondo, una mujer que usaba peinado de varón; Sara Justo, que sería su cuñada, la primera dentista, con quien trabajó en el primer Centro Feminista y Elvira Rawson de Dellepiane.

A quienes admiraba mucho era a dos figuras mundiales de sus tiempos de política: Indira Gandhi y Golda Meir, con quien algunos dicen mantuvo correspondencia.

Indira Gandhi

Indira Gandhi había sido entrenada desde chica para ocupar altas responsabilidades públicas. Que naciera mujer no fue una decepción para Jawaharlal Nehru, aunque en la India sólo el hijo varón puede cumplir los ritos religiosos a la muerte del padre para liberar su alma, y la llamó "grata a la vista". Nació en la gran mansión de Motilal Nehru, su abuelo, un *dandy* epicúreo que dejó la abogacía y los *garden parties* a los sesenta años para unirse a las luchas de independencia. Indira vio un día encenderse allí las fogatas, y llevó su muñeca *made in England* a la pira donde la familia quemó los saris y las camisas para cumplir con Mahatma Gandhi, que pedía usar el *khadi*, la tosca tela de algodón tejida en los hogares rurales.

Nehru hijo pasó muchos años en prisión. Cuando Indira cumplió los trece, él le escribió desde la cárcel que le iba a dar regalos intangibles, hechos de aire, que ni los altos muros de la cárcel de Naini pudiesen impedir que le llegaran. Y comenzó unas lecciones de historia por correspondencia que durarían tres años. Mientras Indira cursaba estudios en internados, su abuela y su madre que sufría de tuberculosis montaban piquetes de boicot frente a los negocios que vendían bebidas y tejidos extranjeros y resistían el lathi, el bastón de policía con punta de metal. Un hombrecito chueco, el Mahatma, que conducía esa revolución pacífica y llamaba a la desobediencia civil general hasta colmar las prisiones, tuvo que pedirle a las indias que fuesen más moderadas: en 1930 había diecisiete mil presas que se presentaban a recomenzar la pena al poco tiempo de ser liberadas. "Es una calumnia llamar a las mujeres el sexo débil", decía, "si por fuerza se entiende fuerza moral, entonces la mujer es inconmensurablemente superior al hombre... Sin ella el hombre no podría existir. Si la no violencia es la ley que gobierna nuestro ser, el porvenir está al lado de la mujer".

Indira sólo pudo estudiar un año en la Universidad de Rabindranah Tagore, Santiniketán, haciendo una vida socrática a la sombra de los mangos, en los jardines trazados por el poeta. Estaba familiarizada con la vida austera del *ashram* de Gandhi y levantarse a las cuatro de la mañana, arreglar su cuarto, alumbrarse con una vela no eran mortificaciones para la hija del gran jefe político que llegó a la casa de estudios descalza y con un vestido gastado, cargando su propia valija. "¿Están seguros que esta es Indira Nehru?", preguntaban sus compañeros.

A pesar de que a los dieciocho años decía que nunca se iba a casar para dedicarse a la lucha política, se casó y se rehusó durante mucho tiempo a actuar en política directa porque los hijos que habían nacido de su unión con Feroze Gandhi la necesitaban. Pero después del asesinato del Mahatma, su padre viudo le pidió que se ocupara de la casa del Primer Ministro y ella se mudó allí.

Ese lugar de secretaria privada la puso en el centro de la política y en 1959 fue elegida Presidenta del Congreso, un puesto ya ejercido por tres mujeres. La pionera en

1917 había sido *Mistress* Annie Besant, una teósofa irlandesa que creía haber encarnado en una vida anterior como hija de la Madre India. El Congreso votó bajo su presidencia la moción de dar el mismo derecho a voto y elegibilidad a mujeres y hombres pero era ilusorio pensar que el gobierno británico fuera a conceder en una colonia lo que no daba en la metrópoli. Las indias lo lograron en 1935 sin limitaciones, diez años antes que en Francia.

Cuando a Indira la eligieron Primera Ministro no se sintió abrumada –había una sensación de continuidad en las responsabilidades progresivas y los desafíos– pero sí sorprendida. Creía tener un carácter demasiado racional para los indios y la reserva la hacía aparecer fría y distante. Se negaba a identificarse con las mujeres indias, porque una persona a la cabeza de un país no podía identificarse con ningún grupo: "No me considero como una mujer. Soy una persona que desempeña un cargo", decía.

Comenzó unas comunicaciones radiofónicas con la gente en las que explicaba, franca y llanamente, los actos de gobierno, algunos impopulares, como la devaluación de la rupia. Simplemente dijo: "Tenemos que tomar un nuevo punto de partida".

Había en ella una consagración al deber, común en las mujeres que llegaron a lugares de gran responsabilidad en esos días. Una amiga decía que en el fondo era muy india y que la indianidad implicaba renuncia. "Por amor al deber lo ha sacrificado todo, incluso inclinaciones personales y amigos, mucho de lo que le era más cercano."

Cuando Feroze murió se sintió desolada, muerta interiormente; sin embargo todo había terminado entre ellos cuando Indira entró a la vida pública. Poco tiempo después, la gente le preguntaría: ¿Qué impresión le hace ser el marido de una mujer así? "Herir el ego del marido es sin duda el mayor pecado en el matrimonio", decía ella.

Alicia Moreau admiraba la consagración al deber, la

renuncia a los placeres. Lo que la ligó secretamente a su admiradísima Golda Meir también era ese culto del sacrificio, forjado en el hábito de una vida durísima.

Golda Meir

El primer recuerdo de Goldie Mabovitch era el de una espera aterradora, la de esos hombres que recorrían las calles de Kiev con cuchillos y garrotes gritando "asesinos de Cristo", derribando puertas, atacando a las mujeres. Esperaba que llegaran a su casa. Sentada en la escalera miraba fijamente a su padre carpintero clavando unas tablas de madera cruzadas sobre la puerta de entrada. Pero las mujeres de la familia estaban destinadas a sobrevivir las penurias, el hambre, el frío. Entre su hermana mayor Sheyna y Goldie murieron los cuatro varones.

La vida de emigrados en Estados Unidos no fue más fácil. Goldie se fugó a los quince años cuando la madre se opuso a sus estudios secundarios, un lujo injustificado e indeseable, y proyectó en su lugar un futuro de vendedora de tienda casada con un tal señor Goodstein. Goldie pensó siempre, como Alicia, que la enseñanza era la profesión más noble y satisfactoria de todas y disfrutó enseñando yidish en la Folksschule tiempo después. La instrucción para los socialistas no fue solamente la herramienta para liberar a las masas, era su perfeccionamiento como personas.

Primero Golda vivió en la casa de su hermana, que le había aconsejado: "Lo principal es no excitarse nunca. Conserva siempre la calma y actúa con sangre fría. Esta forma de acción te dará siempre buenos resultados. Sé valiente". La casita de su hermana en Denver era un centro de tuberculosos en recuperación, anarquistas, socialistas y sionistas que se reunían a leer a Pedro Kropotkin, a Emma Goldman, y a tomar té con limón. Goldie no tenía permiso para quedarse a la noche pero lo conseguía a cambio de desinfectar las tazas. Allí conoció a Morris Meyerson y cuando su hermana se interpuso en su independencia no se amilanó, se fue a vivir al departamento de dos tuberculosos terminales que tosían toda la noche y consiguió trabajo en una lavandería alisando cortinas.

En un viaje proselitista de un grupo de judíos de Palestina, Ben Zvi le habló de Rachel Yanait, la típica mujer de la comunidad: esposa, madre, camarada de armas, que soporta penalidades y peligros sin quejarse, "mujeres que hacían más por la causa de su sexo que la más militante de las sufragistas de Estados Unidos o Inglaterra", decía Golda. Fue entonces cuando arrastró a Morris y a su hermana con sus hijitos a Palestina como pioneros, en un viaje de pesadilla en el Pocahontas que hubiese disuadido a cualquiera: hubo motines, sabotajes, asesinatos, el suicidio del capitán. Pero Goldie sentía un impulso irresistible por Palestina, había descubierto que ésa era la única forma de luchar contra los pogroms de su niñez.

Al final de la vida tenía pocas certezas pero una de ellas era que una vida como miembro de un kibutz la hubiera recompensado tanto como la función pública. Le gustaba la vida comunal. Vivían en condiciones intolerables, en zona pantanosa, donde a media mañana había que refugiarse de los mosquitos y el sol aplastante, con muy poco, pero ella disfrutaba compartir esa poca comida y el sacrificio con personas con las que también compartía concepciones políticas y sociales, que lo discutían todo. A la noche montaban guardia o construían complicados argumentos ideológicos y creían firmemente que estaban iniciando una sociedad ideal.

Sus condiciones de liderazgo se desplegaron enseguida: empezó a reorganizar la cocina, lugar que las mujeres del kibutz consideraban degradante. Ellas querían pavimentar carreteras, escardar campos, montar guardia. "Todo esto era por lo menos medio siglo antes de que alguien inventara la desafortunada expresión *Women's Lib*", decía. Pero Goldie se preguntaba por qué era mejor dar de comer a las vacas en el establo que a los camaradas y se preocupó más por la calidad de la comida que por la emancipación femenina. Cambió los arenques del desayuno por avena, como buena "chica americana". El viernes ponía una sábana como mantel y flores silvestres en la mesa. Y tenía otra excentricidad: todas las noches se planchaba la ropa con una pesada plancha de carbón.

Siendo funcionaria, lanzaría durante la Segunda Guerra la idea de que todo Israel se convirtiera en un kibutz mientras durara la emergencia. Defendía ésta y otras medidas impopulares con gran convicción. Siendo Ministro de Trabajo promovió la *mifdeh,* una contribución del sueldo de un día por mes para aportar a un fondo de desempleo.

La suprema austeridad que caracterizó a Golda Meir era uno de los estandartes que tanto apreciaba Alicia Moreau. Después de firmar la proclamación del Estado judío en Israel al terminar el mandato británico, Goldie fue nombrada embajadora en Moscú. Pensó que si querían ser respetados por otros estados, debían ser en el exterior como eran en su patria, nada de fiestas ni derroches. Lamentó que Israel no tuviera un traje nacional como la India porque la otra mujer en Moscú, Vijaya Pandit, hermana de Nehru, usaba el decoroso sari en todas las ceremonias. Cuando visitó a Nixon como Primera Ministra llevó dos vestidos negros, un traje de punto, un par de sombreros que no usó y guantes que llevó en la mano. Era una decisión política: nunca se maquilló, como Alicia, que apenas se empolvaba un poco.

En las campañas de recaudación de fondos se sentía abrumada por el sentimiento de culpa. Sus hijos quedaban al cuidado de Sheyna que le reprochaba su abandono, su transformación en una persona "pública, no hogareña". Si la jaqueca la detenía, los chicos le saltaban alrededor gritando: "¡Mamá se queda en casa, mamá tiene jaqueca!". "Pocas cosas pueden compararse a las luchas y desesperaciones interiores de una madre que trabaja", decía. "Y más aún de la que no trabaja por necesidad sino porque no puede apartarse de una vida social más amplia, con esa alternativa sensación, en la casa y en el trabajo, del deber no cumplido."

Aun así, no simpatizaba con las organizaciones feministas. Ella estaba por el feminismo "constructivo", le parecía una tontería la quema de corpiños y las campañas contra la maternidad. Creía en la instrucción vocacional a las mujeres que se impartía en el Consejo Laborista de Mujeres del Histadrut, del que alguna vez fue secretaria. "He vivido y trabajado con hombres durante toda mi vida", decía, "y el hecho de ser mujer no ha supuesto el más mínimo obstáculo para mí. No me ha causado desazón, complejo de inferioridad. Tampoco los hombres me han concedido un trato de favor, pero la vida fuera del hogar es una doble y pesada carga." Sólo dos veces tuvo dificultades para ser elegida porque el bloque religioso se negaba a votar a una mujer. La primera aceptaron el argumento de que, en el antiguo Israel, Deborah había sido juez y pudo ser Ministra pero la segunda vez se rehusaron a elegirla alcalde de Tel Aviv.

Alicia admiraba a Golda Meir a pesar de que la posición política de la israelí se deslizó de rechazar las acciones contraterroristas a considerar que la beligerancia era la única forma de supervivencia. Ese pasaje produjo una ruptura con el mítico Haim Weizmann, el Presidente de la Organización Sionista Mundial y notable químico que con sus campañas y su invento, un explosivo sintético, había conseguido la Declaración Balfour de aliento a la creación de un Estado judío en Palestina.

Golda Meir había tomado la decisión al comprobar que para un pueblo débil no era suficiente demostrar la justicia de sus demandas. En momentos gravísimos para los judíos en Europa, Gran Bretaña se oponía al ingreso de cien mil refugiados del nazismo estrangulando la entrada con un cupo más restrictivo. Ellos decidieron que la inmigración continuaría aunque diera lugar a choques armados.

Ben Gurión le había pedido que adoptara un apellido hebreo y eligió Meir, iluminada. En 1956, como Ministro de Relaciones Exteriores, Golda Meir debió explicar en una reunión en Naciones Unidas la *Operación Kadesh* ante un frío auditorio. Según ella, los ataques a los egipcios tenía un solo objetivo: impedir la destrucción del Estado de Israel.

Su gestión como Primera Ministra se inició con la Guerra de los Seis Días y terminó con la de Yom Kippur. Ya consideraba que los problemas que se le presentaban eran la supervivencia y la paz, en ese orden. Estaba convencida de que nadie haría la paz con un Israel débil. Cinco años después, Golda Meir planteó que esa carga era superior a su fuerza. No pertenecía a ningún círculo o facción dentro del partido, sólo tenía un círculo de una persona a quien consultar, ella misma. El sentido del deber y la causa que él no compartía la habían alejado de Morris, pero no para quedarse sola: tuvo amores con los mayores líderes políticos de Israel. Cuando Morris murió, Golda regresó de un viaje para su funeral "con la cabeza llena de pensamientos", se había preguntado sobre la vida que habrían podido llevar juntos si ella hubiera sido diferente... "Volví a comprender junto a su tumba el alto precio que había pagado –y hecho pagar a él– por todo lo que había experimentado y conseguido en los años de separación."

Circuló el chiste en Israel de que Ben Gurión decía que ella era el único hombre en su gabinete. En una de las campañas por Estados Unidos (en la que descubrió que recaudaban jugando cartas y dijo como hubiese dicho Alicia: "¡Juegan cartas por Palestina! ¡No es ésa la clase de dinero que necesitamos!") la presidenta del Club de Mujeres Pioneras le reprochó que hablara como un hombre. Nadie lloraba y eso no reportaba dinero. Ella creía, a diferencia de Ben Gurión que decía que el sentimentalismo no era pecado, que no había que provocar lágrimas en nadie perteneciente al movimiento sionista. Después de la muerte de Golda, el hijo de uno de los líderes políticos de Israel, David Remez, encontró unas cartas de amor de Golda dirigidas a su padre que lo emocionaron por la ternura, sensibilidad y dolorosa soledad que había en ellas.

Alicia, lejos de las responsabilidades del Estado, fue una militante pacifista desde la juventud hasta el último minuto de sus ciento un años, cuando la guerra se había transformado en su única pesadilla. En un viejo manuscrito, una hoja suelta escrita en tinta y con algunas tachaduras, ya decía:

Mas el maestro no piensa, así como tampoco la madre que temerá por cualquier mal que hiera a su hijo y sin embargo pone sonriente entre sus manos los juguetes que imitan los instrumentos de muerte, que lo lleva para que admire a los soldados que pasan sin que en su frívolo espíritu surja la duda angustiosa sobre lo que todo ello encierra para el porvenir de su hijo.

Aspiraba a una sociedad sin ejército porque los militares eran capaces de todo, hasta de no impedir Pearl Harbour deliberadamente para entrar en guerra.

En un discurso que pronunció en la Junta Consultiva durante el debate de la Ley Electoral de 1957, ella repitió lo que siempre decía en todas las tribunas y bajo todos los gobiernos, que la democracia exigía un ciudadano y al ciudadano había que formarlo: cuántas veces se había dicho “educar al soberano” y no se había cumplido.

El Estado, que va a buscar hasta el punto más apartado del territorio al joven para que cumpla su servicio militar y tiene dinero para poner en sus manos un fusil, no ha sido capaz de ir a buscar a ese conscripto cuando era niño para poner un libro en sus manos.

Las armas, los uniformes le producían una enorme tristeza. El día en que vio a su hijo Luis con uniforme de conscripto había sido uno de los más tristes de su vida. Y otro, cuando vio pasar bajo su ventana a miles de mujeres gritando a favor de la guerra de Malvinas, mujeres que siempre formaron parte del botín de todas las guerras. Ellas tenían derechos, debían cumplir con sus obligaciones y luchar por la paz. Tenían que votar por los partidos que se comprometieran a suprimir el servicio militar obligatorio y debían sustraer a sus hijos de la guerra con otra arma espléndida de lucha por la paz, su propio cuerpo.

En los últimos años promovía la lectura de *Lisístrata* y su alicina interpretación: no engendrar más hijos hasta que se hubiesen eliminado los medios bélicos para matarlos. Un paro de útero por tiempo indeterminado.

Para mí fue una verdadera revelación leer la viejísima obra Lisístrata, *de Aristófanes. Esa obra griega debería ser de lectura vulgar y estar en manos de todos, hombres y mujeres.*

En las traducciones inglesas y francesas de la obra de Aristófanes hay palabras griegas no traducidas, con un llamado al pie de página que dice: *obscenu sensu.* La huelga a la que aludía Alicia no era del útero, Lisístrata le decía "ayuno del palo", y había convencido a las mujeres de toda Grecia de la necesidad de confiscar los dineros públicos y practicar la abstinencia hasta que terminaran las guerras.

Mira: nos estamos en casita, con unas túnicas cortas de Amorgos, bien transparentes, y andamos muy bien depiladas por donde tu comprendes y entramos a donde están nuestros maridos bien a tiro y ya con ardores de echarnos abajo... si en lugar de condescender nos rehusamos, la paz es un hecho, les decía.

No todas tenían su mística, a muchas tuvo que contener para que a la semana no se volvieran, inventando una serie de percances domésticos, hasta que llegaron los hombres de toda Grecia y dijeron rendidos:

Pritáneo: ¡Hombres somos y miren en qué estado nos hallamos! (Se alza el manto).

El corifeo contestaba: ¿Verdad que en la madrugada los acomete esa rigidez?

¿En la madrugada? ¡Por Zeus, estamos a la muerte con ella! ¡Pronto, hay que hacer convenios, que si no tendremos que ir a buscar al maricón de Clístenes! Prudencia, dice el corifeo, ¡hay que taparse con el manto, no los vaya a ver el que mutiló las estatuas de Hermes!

Hasta el último momento Alicia Moreau fue una enfática antibelicista. Un año antes de morir tenía miedo a una sola cosa, a la guerra. Su mensaje, en el último día internacional de la mujer, un día que pasaba inadvertido para millones de mujeres en medio de sus obligaciones, era que hicieran valer su condición de madres para impedir la guerra. "¿Usted leyó *Lisístrata*?", preguntaba. "Me parece una idea singular eso de que las mujeres se nieguen a tener relaciones sexuales como protesta por la guerra. Hay que impedirla prácticamente. Las mujeres tienen sus armas contra las armas: el voto y el útero."

Raquel Camaña

Las socialistas de principios de siglo confundían sexo con reproducción. Alicia admiraba a Raquel Camaña por su audacia en promover la educación sexual en las escuelas, de un modo científico y verdadero, en lecciones que empezaban con la fecundación de la flor y seguían por la zoología para demostrar cómo era la ley de conservación que animaba a los seres. La maternidad era un tema prohibido y para Raquel Camaña el porvenir de la raza estaba en juego en esa ignorancia materna. No se preparaba a las "energías sociales" para el perfeccionamiento de la vida. Alicia la admiraba por su valentía al decir estas cosas públicamente.

Raquel Camaña murió a los treinta y dos años, y en el tercer aniversario de su muerte los editores de *La Cultura Argentina* le pidieron a Alicia que escribiera el prólogo de uno de sus libros, *El Dilettantismo Sentimental.* Se llamaba así porque en sus estudios literarios Raquel atacaba a románticos y nihilistas, a la intoxicación literaria de la novela moderna, con su sentimentalidad patológica, su bovarismo, su imaginación desorbitada. Estaban también las deliciosas notas de sus viajes a Egipto y Europa, donde era invitada y muy considerada por sus teorías pedagógicas de avanzada: escuela mixta y sin engaños. Era tan grande la fe en la educación que Raquel Camaña llegaba a decir que los antagonismos sociales no eran un problema económico sino de mutua ignorancia de las distintas clases sociales.

A eso se abocaba el prólogo, a las teorías educativas de Raquel Camaña, que para la prologuista era hablar de sí misma, de la maestra y pedagoga Alicia Moreau, un espíritu lógico que para reformar la organización social investigaba los errores esenciales del sistema educativo. Alicia decía que unos hombres trasplantados no podían cambiar el régimen de fuerza y autoridad por otro de derecho y solidaridad. Una revolución así era efímera, el resultado de un choque de energías pero nunca un cambio de valores sociales.

Los hombres obran en relación al medio en que se encuentran, en la medida y dirección que marcan sus sentimientos y sus ideas, resultado de la educación y de la herencia.

Es curioso cómo Alicia, que atribuía a la religión, al fantasma del pecador, los temores y prohibiciones sobre el tema sexual, describía a la educación sexual como la "educación de ese poderoso instinto". El objetivo de tal educación era:

hacer que en los actos que él promueve intervenga siempre más el razonamiento, para transformarlo de ciego y brutal en consciente y medido, para idealizarlo y convertirlo en el más seguro núcleo de formación de la personalidad moral.

Los instintos gobernaban a los primitivos, eran una limitación forzosa que había que canalizar en actividades artísticas y sociales. También decía eso la Iglesia, pero creaba un artificio en el claustro donde sólo unos pocos místicos podían resistirse a la fuerza de los goces terrenales a cambio de una vida ultraterrena. Los instintos no se matan, decía Alicia. La "solución" al problema había que buscarla en el desarrollo de la personalidad en función del porvenir humano y como ente social.

¿Cómo era posible que el hombre, el creador del mito de Circe, no comprendiera que limitando a la mujer en sus actividades la entregaba al juego de los instintos? Circe era la peligrosa "conocedora de muchas drogas", la diosa que había cautivado a Ulises en la isla de Ea, donde se demoró un año, alejado de Penélope, entregado a los manjares y placeres. Alicia decía que el hombre que confinaba a la mujer la transformaba en Circe, habitante de un palacio rodeado de lobos y leones domésticos obedientes a sus artes maléficas, dedicada a la seducción, para someter a los héroes y convertirlos en animales.

Esa mujer instintiva lo sojuzga a él mismo, pues lo convierte en el único objetivo de su vida y como esposa o madre se aferra a él con tremendo egoísmo.

¿A quiénes decía admirar Alicia y a quiénes admiraba? Había un tipo de revolucionario ante el que se inclinaba, el científico, como Pasteur. Ella decía que las grandes revoluciones habían sido científicas, y al final de su vida confesaba que de volver a nacer hubiese hecho los estudios de Medicina, pero dedicándose a la investigación científica, donde veía una muestra de la inteligencia y de la solidaridad humana. Y de haber conocido a *Madame* Curie hubiera barrido el piso delante de ella por la veneración que sentía por esa mujer extraordinaria.

Marie Curie

Marya Sklodowska había nacido en Varsovia donde su padre, un notable profesor de física y matemática, la había iniciado en las ciencias. A los veintiséis años conoció a Pierre Curie en la casa de un físico polaco radicado en París pero volvió a Polonia después de licenciarse en la *Sorbonne* en las materias paternas. Durante dos años Pierre le escribió cartas diciéndole que no tenía derecho a abandonar la ciencia, la esperaba en París. De otro modo, él viajaría a Polonia y enseñaría francés hasta poder dedicarse a la investigación. Ella no quería perder independencia ni renunciar a sus actividades políticas, pero finalmente cedió y se casó con un vestido azul, para poder usarlo en el laboratorio, donde empezaron el trabajo conjunto. Ganaron juntos un Premio Nobel y Curie murió, atropellado por un carruaje. Ella siguió investigando hasta la muerte de leucemia en 1934 a causa de las exposiciones a los rayos durante tantos años. En 1910 no había sido admitida en la Academia de Ciencias porque el reglamento prohibía el ingreso de las mujeres, pero en 1911 ganó sola otro Premio Nobel de Química. Las pretensiones de Marie Curie eran muy medidas: "Lo que yo quiero para las mujeres y las chicas es una sencilla vida familiar y algún trabajo que les interese", decía.

Tal vez Alicia nunca lo supo: Marie Curie quedó viuda a los treinta y ocho años, con dos hijos, y antes de volver al laboratorio escribió un diario íntimo durante dos semanas, una colección de cartas a Pierre en las que le describía los días que siguieron a su muerte y el dolor y el desamparo que sintió sin él. Cinco años después, un romance con un discípulo menor se transformó en un escándalo muy doloroso para Marie, que volvió por un tiempo a recluirse en su apellido de soltera. Quizás por eso, le escribió a su hija una vez: "Constituye una fuente de decepción el hecho de hacer que todos los intereses de la propia vida dependan de sentimientos tan tormentosos como el amor."

Alicia consideraba a Marie Curie una mujer extraordinaria, pero también decía: "¿sabía usted que en algún momento de su vida cualquier mujer es extraordinaria?".

Como directora de *Humanidad Nueva* publicaba artículos sobre las grandes heroínas internacionales: Edith Louise Cavell, Clara Zetkin, Rosa Luxemburgo.

Edith Cavell

El caso de Edith Cavell había resonado en todo el mundo. Era una enfermera inglesa samaritana que había sido contratada por el cirujano belga Antoine Depage para modernizar la escuela de enfermería de Bruselas, al estilo de la de Florence Nightingale. Edith tomaba unas vacaciones en Inglaterra cuando estalló la Primera Guerra. Apuró su regreso a Bélgica y convirtió a su colegio en Hospital de la Cruz Roja. Cuando el ejército alemán marchó sobre Bélgica, rompió el compromiso neutral y ayudó a escapar gente en la frontera con Holanda, por lo que fue arrestada con otros treinta y cuatro acusados de "daños a las fuerzas alemanas". Como era hija de un pastor y muy religiosa, se negó a tener relaciones sexuales para salvar su vida y al ser interrogada, su testimonio complicó su defensa y la de los demás. Sólo ella y un arquitecto belga fueron ejecutados, por lo que se convirtió en la heroína de las mujeres de todo el mundo.

Rosa Luxemburgo

Rosa Luxemburgo era la revolucionaria precoz, que había dejado a los dieciséis años a su próspera familia judía, simpatizante del movimiento nacionalista polaco, para afiliarse a un grupo socialista clandestino llamado Proletariat y fundar el Partido Social Demócrata del reino de Lituania y Polonia.

Era una obsesiva pacifista, modelo para Alicia, que llegó a decir cerca de la muerte que ella hubiera consentido poner una bomba en una reunión de los profesionales y mercaderes de la guerra, para acabar con ellos:

—¿Lo hubiera hecho? —le preguntaron asombrados.

—Yo sí, ¿y ustedes? —respondió Alicia.

Rosa Luxemburgo luchó contra la guerra, aún dentro de su propio partido. Fue presa en 1914 por incitar a los soldados a amotinarse para no matar a sus hermanos europeos. Y fue más feroz su campaña cuando los partidos socialistas y la socialdemocracia decidieron apoyar a la "patria" y otorgar créditos de guerra solicitados por el gobierno, un miserable colapso, una bancarrota, una traición vergonzosa, según ella. "Todo lo que hemos proclamado por más de cincuenta años se ha convertido de pronto en charla hueca." Su independencia de espíritu era absoluta. Fue una aguda crítica de Lenin después de la revolución de octubre, contra las tendencias dictatoriales y antidemocráticas del bolchevismo. Decía, cuando pocos lo decían, que sin elecciones generales, sin libertad de prensa y de reunión, la vida en cualquier institución pública se convertía en una farsa, donde lo único que permanecía activo era la burocracia. La vida pública iba desapareciendo y gobernaban unas pocas docenas de líderes partidarios enérgicos: era el gobierno de una clique, una dictadura de políticos y la élite de la clase trabajadora era conminada a asistir de tanto en tanto a algún mitin para aplaudir sus discursos y adoptar resoluciones por unanimidad.

Su amante León Yogichès era un arrogante conspirador que tenía buenos contactos con los pasadores y conocía todos los arcanos de las fronteras. Las relaciones amorosas entre ellos eran clandestinas, respetando las reglas de la conspiración, y hubo épocas en que no se vieron por dos años. El ejercía una enorme influencia sobre Rosa, que le reclamaba en sus cartas un poco de ternura.

Mi querido: Ya estaba furiosa y tengo algunas cosas feas que reprocharte. Estaba tan enojada que tenía intención de no escribirte hasta la partida. Pero los sentimientos prevalecieron.

Tus cartas no traen nada, pero nada que no sea "La causa obrera", críticas a lo que he hecho e indicaciones de lo que tengo que hacer.

Lo que me irrita es que la carta que recibo de los demás o de ti repita la misma cosa: el número de folleto, este artículo o el otro. Sería perfecto si además de eso se asomara un poco del hombre, del alma, del individuo.

¿No has sentido alguna emoción, no has tenido algún pensamiento, no has leído, no has vivido algo que puedas compartir conmigo durante todo este tiempo?

Hoy en lo de Adolf, en medio de la conversación y de los preparativos de la proclama, sentí de golpe en el alma tanta fatiga y tanta nostalgia de ti que casi grité en voz alta.

Escribe cartas tiernas, buenas, no me trates de Usted, lo que viniendo de ti equivale a una grosería... No tengas miedo ni vergüenza de expresar tus sentimientos (si es que ahora los sientes todavía, ya que no ejerzo sobre ti ninguna presión).

Golda Meir, Marie Curie, Rosa Luxemburgo también escribían secretas cartas de amor.

Había mujeres inevitables en la admiración de Alicia. De ellas habla en su libro *La Mujer en la Democracia*. Olympe de Gouges, la francesa que redactó una primera declaración de los derechos de la mujer y la primera carta feminista en 1792, un año antes de ser guillotinada. Flora Tristán, y más cercana a sus intereses Mary Wollstoncraft, la madre de Mary Shelley la mujer del poeta, que había escrito en 1792 *Vindication of the rights of women*, donde sostenía que la causa de la inferioridad de la mujer era la deficiencia de su educación, que la hacía incapaz de sostenerse honestamente si no tenía la suerte de contraer matrimonio.

Las inevitables en la Argentina eran las socialistas y feministas, aunque ella admiraba secretamente a otras.

Fenia Chertkoff

En el Partido Socialista, unas mujeres fueron señaladas como el verdadero poder detrás del trono: las hermanas Chertkoff. En 1928, después de la división de los independientes, el diario *Libertad* publicó un folleto muy injurioso: "Los alegres compadres de Chertkoffia, novela histórica socialista escrita por el egiptólogo francés doctor A. Moret, traducida al castellano por el doctor Germinal Rodríguez", que reproducía la acusación de los rebeldes en el tono sarcástico del título. Buscaban agraviar a sus esposos, Nicolás Repetto el de Fenia, Juan B Justo el de Mariana y Adolfo Dickmann el de Adela que, aunque muy socialistas, eran argentinos de principios de siglo.

Ellas habían llegado con sus padres en 1894 de Odessa y se habían trasladado a Colonia Clara en Entre Ríos, donde la *Jewish Colonization Association* entregaba a cada familia una chacra de 25 hectáreas, un caballo, dos yuntas de bueyes, un arado, una rastra, semilla, y un subsidio de 25$ hasta la primera cosecha. Fenia Chertkoff ya era una joven viuda y tenía una hija, Victoria Gukovsky. Logró volver a Suiza y Francia, donde se había refugiado de la persecución zarista, a perfeccionarse como maestra y aquí fundó a su regreso una escuela y los recreos infantiles. Era una militante incansable, organizaba reuniones de modistas, de alpargateras, reclamando por la ley de la silla, quería construir un Hogar de los Canillitas, los chicos de la calle de entonces, con sala de lectura, escuela y sala de dibujo. Cuando su hija contrajo tuberculosis se fue a vivir a Tío Pujío y ahí fundó la Biblioteca Juventud Agraria, creó una cooperativa de consumo y la fiesta de la siembra. Era tal su militancia, que se hizo famosa la frase de que una de las emociones de su vida había sido recibir el primer pedido del Hogar Obrero en su casa. Cuando murió, estaba esculpiendo una cabeza de Juan B. Justo.

Alicia la había conocido en 1906 en el Centro Feminista.

Yo recuerdo a una mujer que tuvo una acción muy destacada entre las socialistas, Fenia Chertkoff. Era rusa, había algo de judío en ellos. A eso no se le daba ninguna importancia. Y ya en Rusia había trabajado en la elevación, en la lucha social, esa lucha de emancipación que puede tomar tantos aspectos. Ella fundó aquí los recreos infantiles.

Esos recreos infantiles eran pequeñas asociaciones de hijos de los afiliados o chicos del vecindario. Los chicos estaban en-

tonces completamente abandonados a sí mismos o encerrados en sus familias. Algunos vivían en conventillos, esas casonas donde cada familia ocupaba una habitación. ¿Qué hacían los chicos? Andaban por el patio. Pero el patio no alcanzaba y apenas podían, salían a la calle. La calle era entonces mucho menos peligrosa que ahora porque pasaba de cuando en cuando un tranvía tirado a rienda. De manera que era un lugar de trabajo. Pero también de corrupción. Entonces Fenia quiso sacar a esos chicos de la calle y en los centros socialistas se crearon los recreos infantiles.

Los chicos iban a la escuela por la mañana o por la tarde. A las doce salían unos y entraban otros, que salían a las cuatro. Algunos a la mañana, otros a la tarde, estaban desocupados. Para evitar eso Fenia pensó establecer los recreos. Encontró mucha colaboración de las mujeres, las que tenían cierta cultura y que habían estudiado, como las maestras, que comprendían que podían servir en esa tarea. Y de hombres también. ¿Qué se les enseñaba? Se les daban clases, pero no se quiso hacer otra escuela. Había entonces cantos, gimnasia, juegos de chicos. Algunos tuvieron un éxito extraordinario. Yo he conocido adultos que me dijeron que ellos se habían acercado al socialismo porque sus hijos habían ido a los recreos.

Cuando se les dio una subvención municipal, se facilitó su expansión, pero también el aprovechamiento de la gente que es pagada por su trabajo. El espíritu de abnegación desapareció. Allí Fenia empleó los últimos años de su vida. Era una mujer excepcional, inteligentísima, y una gran artista.

Había quienes decían que la dictadura "Chertkoffiana", y en el grupo dictatorial incluían a los miembros masculinos de la familia, también dictaba secretamente las resistencias a Alicia dentro del Partido, porque era la poco calificada sucesora de Mariana, la primera y bellísima mujer de Juan B. Sin embargo, los hijos de Justo respetaron a Alicia y la quisieron.

Gabriela Laperriere de Coni

Entre las pioneras, Alicia siempre nombraba a Gabriela Laperrière de Coni, una escritora francesa que había traducido a Estanislao Zeballos y había escrito *Fleur d'air*, un *roman argentin*. En 1902, al poco tiempo de ingresar, fue miembro del Comité Ejecutivo del Partido y en su mitología figura como la primera mujer que habló en asambleas públicas por las candidaturas socialistas en 1904. La elegían como representante las obreras de la Fábrica Argentina de Alpargatas en conflicto o las Costureras de Córdoba.

No la conocí personalmente pero Justo la conocía y la estimaba muchísimo. Gabriela Coni era una mujer muy inteligente pero sin duda creía que los socialistas no iban lo bastante ligero y entonces se inclinó más hacia el sindicalismo. Porque ya que había que elevar a la clase trabajadora, había que meterse dentro de la clase trabajadora para servir a su elevación. Y murió, desgraciadamente, joven.

Gabriela también era inspectora ad honorem de la Municipalidad de Buenos Aires, un cargo inspirado en los inspectores parlamentarios fabriles británicos, y temida, sus inspecciones no eran formales ni corteses, buscaba debajo de las mesas a los chicos escondidos por los empleadores. De esa experiencia quedó su anteproyecto de protección de los derechos de la mujer y el niño que fue sancionado casi como ella lo escribió.

Había dos posiciones en el Partido sobre la mujer trabajadora, una que la disuadía de trabajar salvo en casos de extrema necesidad, y otra que consideraba que el trabajo remunerado garantizaba la emancipación. Gabriela, como Alicia, estaba por la primera, por una defensa de la institución familiar, apoyo del trabajador en conflicto y defensa eugenésica, la salud de la madre y su función reproductiva. Así comenzaba Gabriela Laperrière su folleto *A las obreras*, del que se habían tirado 10.000 ejemplares en 1903:

Obreros:

Sólo en caso de absoluta necesidad mandaréis vuestra mujer en la fábrica... su salud será más robusta, aún la vuestra, pues las comidas preparadas con esmero, más apetitosas, os incitará a mayor alimentación. No pensaréis en ir a la taberna, teniendo la doble satisfacción de un estómago satisfecho y la vista agradada por la vivienda con aseo.

La obrera habrá notado cómo resulta cansador el trabajo parado en ciertas épocas... Las que cosen en fábricas de camisetas, alpargatas, etcétera, deberán acostumbrarse a conservar lo más posible el busto recto. Encorvadas, el hígado, estómago, intestino, encuéntranse comprimidos; el aire no llega en cantidad suficiente a los pulmones. Esta postura, más descansada que la vertical tiene también sus inconvenientes. Ciertos autores le atribuyen la frecuencia de la tuberculosis de las costureras y hasta el cáncer de estómago de los zapateros. Cuando les sea factible usar ambas posturas, pedirán al patrón les conceda permiso para cambiarla. Estos detalles tienen una enorme importancia, sobre todo para las que están encinta.

En 1906, por invitación de Repetto, el Sindicalismo Revolucionario que quería el poder para los sindicatos se escindió y el Partido perdió a Gabriela Laperrière de Coni. Su línea interna se oponía a la campaña de "concesiones y contactos" de Palacios. Ellos querían una campaña antiparlamentaria, antidemocrática, para no reforzar el Estado. Justo promovió una división que costaría cara: política en el partido, acción económica en las cooperativas, acción gremial en los sindicatos.

Para el proletariado, la lucha parlamentaria, tan cortés, tan burguesa, tan desigual como número, tan desalentadora como resultado, lo impulsa a llevar a otro terreno su lucha de clases —decía Gabriela.

En un viaje a Chile acompañando a su marido el higienista Emilio Coni organizó actos, como en la Argentina, para distender un estado prebélico en 1901, llamando a las hermanas y esposas de los gobernantes a comprometerse en él, pero muy joven, a los cuarenta años, murió en una quinta en el camino a Belgrano.

Recordándola, Alicia Moreau decía que eran muchas las mujeres que habían luchado duramente en el movimiento socialista y en el movimiento feminista, sólo que ella las había sobrevivido. Dos de ellas merecieron sus reproches alicinos, que son reproches apenas murmurados: Carolina Muzzili y Julieta Lanteri.

Carolina Muzzili y Julieta Lanteri

Carolina Muzzili era una obrera autodidacta que recorría fábricas y talleres tomando notas sobre las condiciones de trabajo; el número de horas y salario, la contaminación del ambiente. En los lugares donde no se lo permitían se empleaba ella misma, sometiéndose a rigores que la enfermaron de tuberculosis, enfermedad de la que murió muy joven, a los veintiocho años, en 1917. Alicia, pese a respetarla por haber fundado el periódico *Tribuna Femenina*, la consideraba demasiado apasionada, delirante, afiebrada por su enfermedad.

Julieta Lanteri era una italiana que al naturalizarse, consiguió ser inscripta así en la Sección 2ª:

Mesa 1. Doctora Julieta Lanteri Renshaw, de nacionalidad naturalizada, profesión médica, domiciliado en Suipacha 782, que paga impuesto... de $.... ha sido inscripto bajo el número 80 del Padrón Municipal correspondiente a esta Sección. Buenos Aires, julio 16 de 1911.

Con su carta de naturalización se presentó a votar para renovar el Concejo Deliberante de la ciudad de Buenos Aires en el atrio de la iglesia de San Juan y el presidente de mesa Adolfo Saldías, un excéntrico, le firmó su inscripción, declarándose orgulloso de haber firmado "la boleta de la primera sufragista sudamericana". Esto la entonó y se presentó como candidata a diputada nacional en 1919, consiguiendo 1730 votos simbólicos. Entonces fundó el Partido Feminista Nacional y pidió a unos pasmados empleados que alegaron no estar autorizados a hacerlo, enrolarse en los Registros Militares. Entonces gestionó una entrevista con el Ministro de Guerra.

En 1920 volvió a presentar su candidatura. Alicia había organizado un Comité Pro Sufragio Femenino que se constituyó en un cine, votando la propuesta de hacer un simulacro de elecciones. Ella no estaba de acuerdo con el carácter personalista de la batalla de Julieta Lanteri. Decía: no hay en nuestra propuesta un solo nombre propio.

Yo no puedo decir que nos haya gustado entonces. Su lucha tenía un carácter demasiado personal. No era un grupo, no era una circunstancia que sobrepasara el individuo. Era Ella. *Eso, que se le ha reprochado a muchos hombres, daba una apariencia demasiado personal a su esfuerzo. Julieta comenzaba dándole ese carácter, fue el error que cometió. Era una mujer sencilla y sincera, convencida de lo que quería, que no vaciló ante las dificultades, pero no dio el triunfo como hubiéramos querido.*

En los actos públicos de los partidos políticos, el Comité repartió 20.000 volantes impresos por la Unión Feminista Nacional:

No habrá verdadera democracia mientras la mujer no tenga derechos políticos y civiles en condiciones iguales al hombre.

El Comité Pro Sufragio puso 31 mesas que funcionaron de 8 a 18 horas y a las que se presentaron a votar 3.607 mujeres. El escrutinio, que se hizo en *Tribuna Popular*, dio estos resultados:

Socialistas: 1995
Doctora Lanteri: 619
Radicales: 469
Demócratas: 397
Socialistas Argentinos: 358 (Palacios)
Socialistas Internacionales: 44 (comunistas)
Unitarios: 1

En Buenos Aires no activaban ni Rosa Luxemburgo ni Clara Zetkin, pero esta tibia movilización por los derechos políticos merecía la siguiente reflexión del diario *La Nación:*

Hasta ahora los resultados del escrutinio del ensayo de voto femenino son francamente favorables al Partido Socialista, pero de esto –hecho reducido a los modestos términos en que se ha desarrollado tal acción– a suponer que la opinión de la mujer en Buenos Aires comulga con tal tendencia hay un abismo. Estas señoras y señoritas han votado por el socialismo no porque fueran tales socialistas sino porque ese partido, en su campaña de propaganda electoral, les ha prometido que llevaría al Congreso la agitación femenina. Es pues un caso de gratitud, de arrimarse al único árbol que, de momento, por poca cosa que sea, alguna sombra da... Debieron votar por sí mismas, sin sumarse a acciones que, cuando están todavía lejos del triunfo, las dividen y siembran en el voto de la masa femenina naturales alarmas.

Alicia hablaría de esos simulacros, años después, con menos pasión y un poco de pudor por sus resultados. Como la historia se lo había demostrado, decía que esos movimientos necesitaban una gran respuesta social, de lo contrario era como llamar a una puerta y que nadie contestara.

Pero en aquellos tiempos Alicia era Presidenta del Comité Pro Sufragio Femenino y de la Unión Feminista Nacional, considerada por la revista *Nuestra Causa* una de las líderes del feminismo argentino y la promotora de los ensayos de voto político. En ese ensayo del 7 de marzo de 1920, en veinticuatro días de propaganda y campaña electoral, las militantes habían visitado fábricas y talleres, tiendas, calles y plazas públicas, casas y conventillos con volantes y folletos de propaganda, habían organizado festivales de cine, conciertos, veladas literarias. Y hasta hubo comisiones de damas, decían los diarios, que "lucharon con el engrudo en las paredes del municipio" hasta muy tarde en las noches.

Ella recorrió las circunscripciones y coordinó desde la sede de Sarmiento 1376, donde recibían las adhesiones, los actos y festivales de propaganda. Su tarea por los derechos civiles de la mujer fue excluyente. Ese año un grupo de las Agrupaciones Juveniles llegó a su casa en Hidalgo y Neuquén, para pedirle que se afiliara al Partido Socialista. A pesar de que ya hacía catorce años que trabajaba en él, les contestó: "Ah, no, de ninguna manera, el Partido Socialista es reformista y yo soy una revolucionaria." Durante mucho tiempo, Alicia mantuvo distancia con el Partido pero terminó afiliándose ese mismo año. Ella tenía otra genealogía, la tradición comunera, venía de la Revolución Francesa. Cuando tomó la decisión, dijo que había evaluado positivamente la tarea de Palacios contra la trata de blancas, el objetivo de Angel Giménez de educar al pueblo, la absoluta igualdad de derechos y obligaciones con que se admitía a las mujeres en el Partido.

El conocimiento de lo que era la vida obrera y lo desguarnecido que estaba entonces el hombre fue lo que me impulsó a ingresar al Partido. Las mujeres iban directamente al servicio doméstico, donde les pasaba cualquier cosa. No existía legislación obrera, ésta empezó con la acción del Partido Socialista.

La meta de Alicia era conseguir los derechos políticos y civiles de la mujer y a esa causa dedicó todos esos años.

En 1932, el proyecto de Mario Bravo fue aprobado en la Cámara de Diputados por una sanción conjunta de radicales, socialistas, y demócrata progresistas, pero en el Senado lo boicotearon los conservadores. Las socialistas presentaban peticiones, organizaban actos pero vieron cómo las uruguayas, que no tenían un movimiento feminista tan activo, les quitaban el liderazgo latinoamericano y lograban el voto en 1936.

Una de las tareas era entrevistar a los legisladores y hacían antesala entre otras mujeres, esperando el paso de los "padres de la patria". Las ancianas buscaban piedad; las jóvenes, decía Alicia, y las que pretendían serlo, intentaban despertar otros sentimientos por medios naturales o artificiales. En aquel tiempo se contaban chistes verdes sobre las hijas y las nietas de los Guerreros del Paraguay que iban a pedir una pensión. A Alicia le hacía gracia cómo se les borraba la sonrisa cuando ellas les hablaban del proyecto de ley. Se fastidiaban, se ponían impacientes, las cortaban con un "veremos", "no conozco el proyecto", "estudiaré la cuestión". Eran como el personaje de Payró de las *Divertidas aventuras de un nieto de Juan Moreira*, un libro sobre las hazañas político-sentimentales de un criollo, el abominado estereotipo de Alicia, que se "adaptaba y se pulía rápidamente para que nada revelara en él el uso del poncho y de las espuelas sonoras, guardando el mismo fondo instintivo, la misma rudeza afectiva, el mismo desprecio por toda manifestación honda y sentida de cultura o refinamiento que su larga ascendencia habituada al asado, al mate y a la guitarra."

Este hombre abandonaba a su prima provinciana y al hijo de los dos para casarse en Buenos Aires con una joven de buena familia y recalar en la Cámara a pronunciar discursos huecos sobre la grandeza de la patria y el bienestar del pueblo, donde seguía jugando al Don Juan con las dispensas que le correspondían. Era más fácil proteger, más grato atender a una peticionante de pensión, que ayudar a la modificación de leyes deprimentes e injustas, decía Alicia. La mujer para ellos era la sierva sumisa, la china cebadora de mate o la matrona encerrada en su casa. Sus mujeres eran débiles plantas de invernáculo que sólo podían ser trepadoras o rastreras, y de ellas nada se podía esperar.

Yo no pensaría en Rivadavia, ni en Sarmiento, ni en Belgrano para hablar de la política criolla. Son hombres que se adelantaron a su época de una manera extraordinaria, construyeron idealmente lo que ellos querían. No se basaron en observar la gente que veían alrededor –los que andaban con poncho por ejemplo–. Y ellos creían, y muchos siguen creyendo, que el ser criollo es ser un buen argentino, un gran patriota. Yo no creo eso. Y los socialistas, ninguno de nosotros cree eso. Nos hemos empeñado no en combatir al criollo sino en sacar de ese criollo el hombre.

Yo recuerdo la impresión que me produjo hace años la lectura de Don Segundo Sombra, *hecho con gran talento. Y lamenté que –si mi recuerdo no me traiciona– el autor Ricardo Güiraldes que era un espíritu distinguido, muy culto, pero no culto porque él solamente había conocido lo argentino sino culto porque había conocido la cultura universal que acaba por ser una cultura común a todos los pueblos, dicha en distintos idiomas y de distintas maneras (pero, al fin y al cabo, lo que constituye hoy la cultura es el capital común de lo mejor de la especie humana...), hubiese creado ese personaje. No es solamente aprender a leer y escribir sino llegar a penetrar eso que el hombre, a través de siglos, ha podido construir. Para muchos, formar al hombre argentino no era darle esa cultura sino mantener lo que viene de la época no digo colonial pero cercana al colonialismo.*

Al estanciero que sabía hablar algún idioma extranjero, que había tenido una institutriz, que había viajado a Europa, a ése rara vez le decían criollo. No era bárbaro ya. La cultura lo había hecho salir del criollismo.

La gesta de la emancipación, la Revolución de Mayo la habían hecho los criollos. Por eso es que el autor de Don Segundo Sombra *y otros también, han querido poner en primer plano a ese hombre que fue, al fin y al cabo, el que luchó en el ejército de San Martín, de Belgrano. En el movimiento de las provincias contra la capital, ¿quién fue la carne de cañón? Los peones, los pobres que peleaban. Esos eran los criollos. Entonces, para enaltecer esas luchas, el criollismo significó para algunos una muestra de pureza, una limpieza de origen.*

Justo y Palacios fueron los primeros diputados que hablaban de la política criolla. Querían salir de eso. Había necesidad de mirar el Occidente, no mirar la tierra primitiva sino mirar los países que estaban creando la ciencia, creando el arte, creando la técnica. No se podía adelantar de otro modo.

A Alicia, hasta el mate le parecía una costumbre primitiva. "¿Usted cree que los inmigrantes franceses, ingleses, hayan usado mucho el mate?", preguntaba. La yerba, el asado con cuero, el puchero eran propios de aquí. Era la adaptación del individuo que, para vivir con lo que hay, no va a fabricar cosas. Esa era la extraña teoría de estas comidas y bebidas: "Naturalmente, en un país donde había tanta carne, tanto animal suelto, podía perfectamente utilizar la carne y el cuero". El individuo era como una planta, que se adapta al medio donde vive, pero necesita algo más que luz y agua, necesita comida sólida, y aunque fuera poco elegante decirlo, la adaptación a este medio en comida sólida había ocurrido así: ésa era la realidad.

Al político criollo de las *Divertidas aventuras de un nieto de Juan Moreira* le correspondían mujeres trepadoras o rastreras. Y ella en la antesala de la Cámara de Senadores pensaba que había una tarea para la mujer nueva, la que dejaría atrás los siglos de sometimiento, con las horribles tradiciones de la dote o el repudio si era infértil.

O esa tontería del profesor Bischoff acerca del peso inferior del cerebro de la mujer. Su propia autopsia en la Universidad de San Petersburgo demostró que el suyo era cinco gramos menor que el promedio femenino.

"Mientras yo no vea a un hombre cuyo vientre se va desplazando y aumentando de volumen a medida que un hijo se desarrolla dentro de él, no creeré en la superioridad del hombre sobre la mujer", decía Alicia.

La condición de ser complementario era un malentendido milenario: la mujer pasaba de una preñez a otra y no podía salir a cazar ni trepar, su fuerza muscular era menor y a ésta se la confundía con sagacidad, con inteligencia. El hombre tenía un instinto agresivo, se lo veía en los pequeños animales y en los niños. La violencia era un síntoma de aquel primitivismo, un infantilismo de la edad adulta.

El conocimiento científico había provocado la evolución inmensa de la mujer, que ahora tenía derecho a disfrutar sexualmente y amar con absoluta libertad gracias a los anticonceptivos. Alicia siempre consideró al aborto como un asunto médico, científico, que como tal no podía ser prohibido: era el médico quien estudiaba la situación de la paciente y determinaba si había que interrumpir la gestación. "Toda gestación que pueda comprometer la vida de la madre, su equilibrio y por supuesto la vida de su hijo debe ser estudiada objetivamente." Alguna vez ella misma había interrumpido una gestación, procediendo científicamente."Eso ha sido difícil, doloroso humanamente, riesgoso..." Sin embargo, hizo saber su desacuerdo a la redacción cuando el doctor José María Vázquez, un médico joven del Partido, publicó una serie de notas sobre el aborto en *La Vanguardia*. Ella tenía la idea del periódico combativo, que trataba temas políticos y en los años 60, titular *El Aborto* a una serie, o dar charlas en los centros socialistas sobre el tema, era escandaloso.

Alicia era una gran defensora de la maternidad. Por su militancia en el feminismo había recibido una carta belicosa desde Bruselas del señor Louis Van Houche, que se publicó en *Nuestra Causa*.

Bruselas, mayo 22 1920.

Señorita Moreau:

"Tota mulier in utero"

El antiguo adagio se ha convertido en verdad banal, como todo lo consagrado definitivamente por la experiencia.

La anatomía, la osteología, la histología y la psicología establecen a cual mejor, que el único fin de la mujer es el indicado por Adán cuando exclama: "¡Heva!", es decir, la Vida. Sí, quien dice mujer quiere decir maternidad. Sólo concibo la emancipación de la mujer alejando de su camino todo lo que traba en su marcha hacia la maternidad...

Haced leyes, constituid ligas, nada estable habréis hecho si no hacéis menos bárbaro al hombre. Este cree en la superioridad de su sexo. En realidad son iguales en dignidad, pero esta es de diferente orden para el hombre y la mujer. Fuera de la superioridad de la mujer en el ejercicio materno, ahí donde se mide con el hombre es aplastada sin piedad. Hacer de ella una abogada, una concurrente de turno, es rebajarla en la servidumbre. Pues no podéis cambiar su naturaleza. Podréis instruirla, ella estará siempre como pájaro en jaula, tendrá la nostalgia de su reino perdido.

No tengo título alguno para escribirle esto. Pero he leído su nombre en los diarios viendo cada día las miserias de la mujer en las carreras en que hace competencia con el hombre, esto me ha movido a escribirle.

Alicia le contestó:

¿Qué diría usted de un individuo que quisiera disuadir a un obrero de interesarse por el movimiento socialista en nombre de la paternidad?

¿Qué habéis hecho por la maternidad de la prostituta que pagáis, de la obrera que explotáis, de la mujer que abandonáis, de la que no educáis?

Ah, señor, cuando escucho de labios de un hombre ese sublime llamado a la maternidad que debe guardar a la mujer en su celda de rutinaria y anacrónica criatura, me pregunto siempre cuántas paternidades olvidadas cuenta en su pasado. ¿A qué maternidad os referís, a la de la ignorante sierva secular que no hace sino ceder a las leyes naturales de su especie, o a la maternidad de la libre compañera del hombre, igual a él en dignidad social y derechos?

Curiosamente, el tema de la maternidad había provocado una controversia entre Alicia y una norteamericana en la Conferencia Internacional de Doctoras en Medicina de Nueva York en septiembre de 1919. La idea de reunirlas para unificar su acción había surgido durante la guerra en la Asociación de Jóvenes Cristianos. Las sesiones eran secretas cuando trataban cuestiones de la "salud íntima de las mujeres" o relatos de experiencias "emocionantes", y públicas cuando trataban temas generales. En una de las sesiones públicas, una delegada norteamericana propuso iniciar una campaña en favor de las mujeres en la industria creando establecimientos para la crianza de niños, para independizar a la mujer de los deberes domésticos y garantizar su libertad industrial. Alicia no estaba de acuerdo. La creación de esas instituciones no debía tener por fin la industrialización de la mujer sino afrontar las condiciones que hacían de la participación de la mujer en la industria "un mal necesario". Eran medidas de auxilio.

La industrialización de la mujer no prosperará nunca en nuestras sociedades latinas. Nosotros los latinos perseguimos el fin de hacer a nuestras mujeres madres inteligentes y no buenas obreras de fábrica.

Las delegadas de las naciones latinas la ovacionaron.

Victoria Ocampo, Alfonsina Storni, Lola Mora

Si los testigos de la vida de Alicia Moreau de Justo confesaran alguna frase dicha al pasar, alguna reflexión rara, se podría escribir una verdadera biografía, la biografía de los deseos íntimos. Los deberes políticos, los deberes conyugales con el esposo muerto le dieron ese perfil público de intransigencia y severidad. Alicia tenía una modalidad escéptica que se configuraba en la frase de Gramsci: "con el pesimismo de la razón pero con el optimismo de la voluntad". Los socialistas eran duros, sectarios, moralistas, voluntaristas, y así era ella.

"Esa sí que hizo de su vida lo que quiso", susurró Alicia una noche, cuando sentada a una larga mesa de banquete frente a la puerta, vio entrar a Victoria Ocampo. La

Viuda del Partido se sentía muy comprimida. Ella sabía que la arbitrariedad y la extravagancia se podían sostener también a base de propiedades y dinero. Ya lo había dicho en *La Mujer en la Democracia*: las feministas burguesas podían coincidir con las proletarias ocasionalmente, pero se distanciaban en defensa de sus privilegios de clase cuando esa lucha terminaba, salvo mujeres excepcionales, capaces de ponerse del lado de la justicia y la verdad. Pero algo sucedió esa noche para que ella envidiara la arbitraria y pomposa libertad de la directora de *Sur*, y para que suavizada en la vejez dijera que había sido una de las mujeres sobresalientes del siglo. "Se liberó de las limitaciones del medio, era una enamorada de la literatura. A pesar de que nuestros recursos eran distintos tuvimos cierta amistad. Nos estimábamos bastante."

Las limitaciones del medio deben ser los prejuicios que no doblegaron a Victoria Ocampo, rescatada de las frivolidades de estancia por la literatura. Quizás manejar un coche, o fumar, que Alicia nunca vio bien. Siendo joven había visto fumar a las provincianas que venían del Norte o de Corrientes, el cigarrillo de hoja. Como médica, le había dicho a una embarazada que fumaba y se ofendió mucho: "Usted hace muy mal, señora, porque usted está formando a otro ser adentro de su vientre y lo está envenenando". En las estancias, Alicia había tenido su experiencia.

Los conservadores eran unos hombres muy cultos, que habían viajado generalmente, que se habían formado, ellos y ellas, con institutrices extranjeras que les habían enseñado a hablar, desde chicos, el francés, el inglés y que conservaban no tendencias aristocráticas –porque aquí no hubo nunca aristocracia, no hubo descendientes de nobles, y el que lo era lo era perdido en el tiempo– pero sí de gente que tenía hermosísimas estancias; dentro de ellas, buenas bibliotecas y podían recibir personajes extranjeros. Es decir, que era una verdadera aristocracia de los conservadores. Y en el otro extremo estaban los pobres hombres que nunca habían conocido nada. La mayoría eran analfabetos o semianalfabetos, los peones de estancia.

En una estancia que yo fui a conocer había una capilla. Ahí se decía misa los domingos. Pregunté a los peones si podían asistir a la misa. "Si, porque ante Dios somos todos iguales", me dijeron. Los peones estaban en los últimos asientos, mientras que los patrones y sus amigos estaban en los primeros. Y yo había visitado la habitación donde dormían los peones. Era una especie de galpón y ellos dormían en el suelo, sobre colchones de chalas de maíz. No era malsano, pero... Y la comida de ellos era el puchero, cuando no había maíz maduro echarían porotos, el mate y la galleta. Con ese menú no invitaban a sus huéspedes. Les harían conocer las cosas más distinguidas que podía ofrecer la estancia. Y cuando yo, a una de las personas que estaba ahí, le hice esta observación: por qué, ya que estaban todos en la capilla, porque eran iguales ante Dios, no eran también iguales ante la comida, tan importante como la capilla porque es una comida espiritual pero con ésa no se va muy lejos, no se puede trabajar; se fastidió, tuvimos una discusión. No fui más lejos y la explicación no la encontré nunca.

No era más que la confirmación del estado que los conservadores querían mantener dentro del país. Por supuesto, hubo hombres en este país: un Belgrano, un Sarmiento, un Rivadavia, un San Martín, que tenían otro concepto de lo que era la división de clases: no querían al pobre adorando al rico. Y eso se ha conservado en la clase alta, en la clase rica.

Alfonsina le atraía por su ruptura más completa, más absoluta. De ella decía: "Encantadora es la palabra en la que se podría encerrar a Alfonsina, una mujer de una vasta cultura pero sin orgullo de ella, lúcida y vehemente." Alfonsina había sido madre soltera en 1911 y se había unido a la Asociación Pro Derechos de la Mujer que dirigía Elvira Rawson de Dellepiane porque decía, en medio de sus deliciosas ironías, que el derecho al voto sólo valía por el aporte del sentido moral que la mujer podía hacer en beneficio colectivo. Alicia lamentó mucho el suicidio de Alfonsina, por la pérdida y por la enseñanza moral que dejaba esa decisión. Ella no era "partidaria del suicidio", había otras maneras de suicidarse sin que lo pareciera, para disminuir el valor moral del acto. "Pero si así lo concibió ella", decía, "cómo iba a criticarla".

A Lola Mora la había visto de lejos, en un tiempo en que la gente vivía aislada en sus pequeños círculos, poco comunicados entre sí. Fue hasta Plaza de Mayo a conocer *Las Nereidas*, la obra que había encargado el intendente de Buenos Aires y tuvo que ser retirada de las puertas de la Catedral. Cuando la llevaron al Paseo de Julio fue a la nueva inauguración, atraída por la vocación artística de aquella mujer. Admiraba sus desnudos femeninos, le gustaba su arte clásico. "Para mí el arte de Lola Mora, su lucha contra la hipocresía –que quitó incluso del frente mismo del Congreso recién inaugurado dos colosales esculturas de desnudos realizadas en mármol blanco– evidencian algo de lo que le ha costado a la mujer producir cambios."

EVITA

Todas las entrevistas, simulacros, conferencias, festivales, actos en favor de los derechos de la mujer se desintegraron el 9 de septiembre de 1947, cuando el gobierno de Perón sancionó la ley 13.010 del voto femenino. Ese día salieron algunas mujeres a la calle con cartelones que decían: "Ahora no queremos votar".

No sólo podían votar sino que podían ser elegidas. El 11 de noviembre de 1951 entraron al Congreso veinticuatro diputadas y siete senadoras. Según Nancy Hollander, una estudiosa de la situación política de la mujer en América Latina, ningún otro país de América podía jactarse de ese número de representantes femeninas en sus cámaras. Eva Perón había tomado sus recaudos porque sabía que las mujeres entraban a la política en forma torrentosa, sin experiencia ni trayectoria, y que las candidaturas de las desconocidas podían traer problemas al gobierno. Las reunió en la residencia y les pidió que escribieran cartas comprometedoras simulando compromisos con el antiperonismo. De esta forma creía asegurarse una disciplina que necesitaba exhibir. Esos eran los documentos que en septiembre del 55 los militares buscaron en la residencia presidencial y no encontraron. Las extrañas cartas habían desaparecido, quemadas a tiempo por el señor Renzi.

Alicia, como todo el antiperonismo, creía que el voto femenino era una nueva maniobra de Perón para garantizar triunfos:

El peronismo comprendió todo el valor político que podía tener esa fuerza y un senador presentó el proyecto. Como tenían mayoría fue aprobado. Por otro lado, ¿quién se iba a oponer?

Hollander, desde su visión imparcial y desapasionada de aquella decisión gubernamental, decía que pensar que Perón había organizado a la mujer sólo por el rédito político era tan ingenuo y sin fundamento como creer que por su ideología quería impulsar la liberación de la mujer. La movilización de las mujeres era una situación objetiva de la sociedad argentina y Perón tuvo conciencia de su importancia. No iba a regalar la conducción a las líderes feministas y marxistas. En las elecciones de noviembre de 1951, en la provincia de Buenos Aires el peronismo obtuvo para Presidente y Vice el 65% de votos femeninos mientras que el Partido Socialista sólo el 0,9% y el comunismo el 0,7%.

Alicia no votó en esas primeras elecciones. Había una orden de detención contra ella y otros miembros del Comité Ejecutivo del Partido, acusados de conspiración, y ella se escondía en casas sucesivas. El país estaba al borde de la guerra civil, gobierno y oposición cada vez más enfrentados en forma irreconciliable: el gobierno exacerbando su propaganda y la oposición política conspirando abiertamente con los militares, que habían fracasado en un intento de golpe de estado a principios del 51. Era la época en que Alicia llamaba a su sobrina Elena y le decía: "Loulou va dormir sur la table", para avisar que la esperaran. Cuando ella pasaba la noche allí, la hija de Elena dormía sobre la mesa del comedor. Unos días después de las elecciones, su hija se presentó con la Libreta Cívica al Juez Electoral para justificar su incumplimiento de los deberes ciudadanos.

No haber ido a votar no la afligió. A los cien años, era de los pocos episodios gravitantes que había olvidado. Fantaseaba que sí, que había ido, y que esto le había provocado satisfacción e inquietud. "¿Y mañana, qué será mañana?", creía haberse preguntado, en ese estilo retórico que usaba cuando algo la preocupaba mucho. "Y no me equivoqué. Es que no basta para ser ciudadano tener una boleta de voto, hace falta tener algo en la cabeza... y en el corazón."

Evita le arrebató la bandera del voto femenino. Después de tantas horas dedicadas a aleccionar, a esclarecer, a convencer, Alicia presencia este rápido trámite y lo califica como una concesión, una dádiva más del gobierno al que se opone. "Ella lo recibió hecho. Nunca se había ocupado del problema que yo sepa."

Sólo se había ocupado tres meses. Antes de viajar a Europa, Eva Perón hizo en enero, febrero y marzo de 1947 una fuerte campaña radiofónica por el voto de la mujer, en la que dijo algunas frases que podría haber dicho Alicia Moreau:

"La Nación necesita una madre para sus hijos pero también necesita una ciudadana." La mujer era una vigía, una reserva moral que nunca iba a votar hombres eventuales sino principios, era la conciencia de la Nación y había visto aumentar sus deberes sacrificadamente pero no sus derechos: se terminaba el período de las tutorías civiles.

La mujer no era solamente afectos y sensibilidad. Era conducta y dinámica, voluntad. No podía resignarse a ser la consorte inerte de circunstancias sino actora del drama de los tiempos.

Y a las mujeres de su partido, cuando las alentaba a organizarse fuera de las estructuras de los hombres, pero integrándose a la política nacional les decía:

En las puertas del hogar termina la nación entera y comienzan otras leyes y otros derechos... la ley y el derecho del hombre que muchas veces sólo es el amo y a veces también dictador. Y allí nadie puede intervenir. La madre es el único trabajador del mundo que no conoce salario, ni garantía, ni respeto, ni límite de jornada, ni vacaciones, ni descanso, ni indemnización por despido, ni huelgas de ninguna clase. Todo eso –así lo hemos aprendido desde chicas– pertenece a la esfera del amor y lo malo es que el amor a veces desaparece pronto en el hogar y entonces todo pasa a ser trabajo forzado. No sé dónde he leído que en este mundo nuestro el gran ausente es el amor, yo digo que el mundo actual padece de una gran ausencia: la de la mujer.

Se hallarán unas palabras de Alicia casi idénticas, dichas en 1955. La descripción de Evita que hacía la líder del feminismo argentino era moralista como la de las damas de caridad: Evita era una mujer ambiciosa, arribista, individualista, parecía no tener ideales políticos ni sociales. "Era una mujer muy rebelde. Ella quería salir de su medio, adelantar, que fue lo que hizo finalmente." Evita era "sexy" y esa condición había sido decisiva en su ascenso. "Era inevitable. No había otra salida para una mujer como ella." Años más tarde matizaría un poco sus juicios, como el de la forma en que Evita había compensado la falta de libros. "La instrucción de la primaria a la instrucción superior era muy difícil de alcanzar para ella. Entonces, inevitablemente tuvo que valerse de su fuego."

¿Se habían conocido? La había tratado apenas, decía, porque en cuanto surgió ya estaba en las altas funciones de gobierno y hasta esas esferas ella no llegaba, ni había tenido el menor deseo de confundirse con las funciones gubernamentales de la época. Eva Perón, en medio de la tormenta política en la que vivía, rodeada de un pueblo que la adoraba pero acechada por los enemigos más poderosos, nunca supo de Alicia.

El antiperonismo necesitaba oponer una figura femenina fuerte a la de Eva Perón. Ahí estaba Alicia, tenaz sin ser gritona, igualitaria sin poder de expropiación ni confiscación, más culta, más suave, más decorativa, como diría ella misma años más tarde con amargura. Alicia Moreau de Justo fue también una construcción política, la más lograda contrafigura –no era la actríz de cine alejada por una bofetada, no era la aristocrática directora de una revista literaria– de Eva Perón en su territorio, la política, que pudo ofrecer la oposición.

Las dos viajaron a Europa en 1947. Alicia iba invitada por los organizadores de las Conferencias Internacionales de Mujeres por la Paz a un Congreso Mundial Femenino en París, en su carácter de fundadora, entre otras tantas, de la filial argentina del Acuerdo Mundial por la Paz. Evita iba representando al gobierno y al Presidente en misión oficial a España, Portugal, Italia y Francia. Cuando Alicia volvió en enero de 1948, hizo unas declaraciones muy alusivas al gobierno, sosteniendo que las delegaciones de cincuenta y dos países, entre las que faltaban las de los países bajo el influjo de Moscú, habían acordado en que así como no podía haber neutralidad frente a los conflictos armados, tampoco podía haberla frente a la paz.

Este tema era justamente el que más preocupaba en la residencia presidencial antes de la partida de Evita a Europa: las consecuencias políticas de una neutralidad mantenida hasta dos semanas antes del fin de la guerra. La situación de la Argentina era muy buena pero muy inestable. Si bien Inglaterra debía 800.000$, Churchill había amenazado con retirar todas las embajadas como penalización por la declaración de guerra a último minuto, lo que equivalía a un golpe económico muy serio. La oposición interna era proaliada y había triunfado; tenía una perspectiva universal de su poderío.

Llegó un día la señora de Drysdale con una invitación formal de España para Perón quien se negó a viajar, alegando que era su primer año de gobierno y estaba sentado sobre un volcán. La situación política de España y la Argentina era similar: ninguno de los dos países había querido declarar la guerra a tiempo. Franco codiciaba el granero porque la guerra civil había dejado un millón de muertos y varios millones de hambrientos. Quería conformar el famoso eje Madrid-Buenos Aires. Había movido el tema de la hispanidad con algunos intelectuales como Marías y Entralgo para que España volviera a ejercer una hegemonía cultural y moral de los pueblos latinoamericanos.

En la residencia, Perón, Evita y su confesor el Padre Hernán Benítez planearon la estrategia. Evita iría a España pero se realizarían negociaciones secretas para lograr la invitación oficial de la Santa Sede a Italia, Portugal y Francia. El confesor se adelantó unos meses para hacerlas. Iba como legado extraordinario del gobierno argentino ante Pío XII y a España, para comunicarle a Franco que Eva Perón iba a sustituir a su esposo en la visita oficial y a supervisar su recorrido. Evita iba a aprender, como en el radioteatro, respuestas inteligentes, los vericuetos de cada lugar, un itinerario piadoso.

En la catedral de Granada ve los monumentos de los reyes Fernando e Isabel acostados, esculpidos por los alumnos de Miguel Angel. Las almohadas de Fernando están tiesas y aplastadas las de Isabel, para mostrar cuál era el cerebro que pesaba. Esa podía ser una pregunta: ¿En la Argentina no pasará igual? La respuesta de la actríz sería: “Si a los almohadones los ponen bajo el corazón...”

En ese viaje de reconocimiento el Padre Benítez descubrió que había temas que Evita no podría tocar. Rumbo a la entrevista con el Papa había pasado por Zaragoza donde hizo algunas declaraciones en los diarios sobre la obra social que pondrían en marcha. En Barcelona le informaron que sus declaraciones a la prensa habían sido prohibidas por el propio Francisco Franco. Tuvo que corregir los discursos. Esto en abril de 1947. En julio, cuando Evita recibió la Gran Cruz de Isabel, Franco sugirió que no hubiera palabras de agradecimiento. Poco quedaba de ellas cuando se las leyeron y Franco desaprobaba con la cabeza: eso mejor no, aquello tampoco. Los trataba como a unos indiecitos con plata. Evita había repetido el discurso varias veces la noche antes, como si se tratara de un guión del ciclo radial de Muñoz Aspiri, y lo recordaba bien. Era un día tórrido. Salió a saludar varias veces desde el balcón del Palacio Real a la gente que la había esperado dos horas bajo un sol asfixiante. Llevaba un sombrero con pluma y una estola de piel, y era tal el calor que a veces entraba a refrescarse. En cada aparición, fue diciendo el discurso aprendido la noche anterior, párrafo por párrafo.

Era todavía un discurso de un catolicismo beligerante, con sus loas a Isabel La Católica y a la expansión de su reino cristiano, pero donde adelantaba que a su regreso iba a aproximar a todos los hombres a la justicia común de ser hombres y compartir sin discordancias la tarea bíblica de trabajar en armonía, sin expoliación ni esclavitud. Hablaba de los derechos del trabajador, de la desaparición de las diferencias sociales.

En otra etapa de la gira, diría en *Aprendiz* que en la Argentina Perón estaba luchando para que no hubiera ni demasiados ricos ni demasiados pobres y en el Mensaje a la Mujer Española, la "Encíclica de Doña Eva", defendería la institución familiar como la defendían los socialistas, sólo que con el fuerte matíz religioso. Y, a unos pocos kilómetros de distancia de Alicia Moreau, también hablaba de la paz.

Si no han faltado agitadoras que soliviantaran las clases sociales, unas contra otras, con soflamas incendiarias,

¿por qué han de faltar otras mujeres que de alma en alma se digan un mensaje de amor y de paz?

El Papa había consentido recibir a Evita en visita oficial, con el protocolo de esposa de jefe de Estado. Le correspondía cruz piana para él y rosario de oro a ella. ¿Cómo se preparó la invitación papal y la visita oficial al Vaticano? El hábil diplomático que era el confesor de Eva Perón había conseguido una entrevista de cincuenta minutos con Pío XII por medio del Cardenal Secretario de Estado, y sabía en qué términos debía hacerla. En el Promemoria estrictamente confidencial, se consignaba que el Padre:

Preguntará si la Santa Sede tendría la benevolencia de invitarla de suerte que la visita sea oficial o quasioficial si lo permite el protocolo del Vaticano y la Santa Sede lo tiene a bien.

Manifestará que la Ilustre Visitante desea se den al Padre Benítez directivas tendientes a subsidiar económicamente a los necesitados que el Santo Padre desee socorrer.

"El pedido incluía un beneficio económico no desatendible pues la Sra. Presidenta además de obsequiar al Papa secundará sus directivas en orden a subsidiar económicamente los pueblos que el Santo Padre desee socorrer", le decía el confesor al superior de su orden, que había autorizado el viaje con la condición de que tuviera carácter social-religioso y no político.

Por el Tratado de Letrán, una visita oficial al Vaticano era una visita oficial automática al Quirinale. Para la política interna de la Argentina era un gran triunfo.

Francia en cambio fue muy difícil. Evita ya estaba en Italia, descansando en Rapallo, confiada en las gestiones del embajador Victorica Roca que era un histrión y cuando ve que no ha hecho nada manda a buscar a su confesor a España, muy deprimida. "Le pido que vaya a París y mueva todo." Necesitaba una fina negociación diplomática para conseguir la invitación oficial del gobierno francés. Francia, para la oposición proaliada era un trofeo más importante que Italia.

El embajador argentino en Italia, Rafael Ocampo Giménez, conectó al Padre Benítez con el sindicalista Togliatti, jefe del Partido Comunista italiano, en quien buscó consejo. El se ofreció a escribirle al jefe del comunismo francés, un escritor que vivía en Lyon, y le sugirió al Padre que viajara allí: "Vaya a Lyon y entreviste al jefe del Partido Comunista francés antes que a Monsieur Bidault." Este hombre le entregó una carta para Bidault en la que el comunismo francés se comprometía a cuidar a Eva Perón en su estadía. Por eso cuando el primer ministro alegó que la visita no podía ser oficial por temor a la reacción del comunismo, el Padre no hizo más que entregarle la carta.

Cuando llegaron a Francia se presentó el embajador de España en París Aguirre de Cárcer. Tenía una orden evidente de copar la visita. España debía ser anfitriona y él se quiso comportar como el manager de Evita. Fue tan sobrepasado, ignorado, desplazado, que escribió estas líneas de despedida al confesor de Eva Perón:

El Embajador *hoy, jueves 24 de julio de 1947*
de España en París

PERSONAL Y RESERVADA

Reverendo Padre Benítez
Mi respetado amigo

Unas horas antes de la fecha en que me dijo Ud. partiría de París la Excma. Señora Doña Eva Duarte de Perón, la ilustre esposa del Presidente de la República Argentina, molesto la atención de Usted para recordar que en la conversación que el día 17 sostuvimos en esta embajada delante del embajador Victorica Roca tuvo Ud. la gentileza de ofrecerme estas tres cosas:

1) que en cualquier momento la ilustre dama me concedería como representante de España una audiencia especial y separada en la que le presentaría al personal diplomático...

2) que a su vez la Excma. Sra. de Perón vendría a la embajada de España en día y hora que me señalaría para recibir de mis manos un ramo de flores ya que la premura del tiempo y lo reducido de su estancia le impedían aceptar del Representante de España otra forma de homenaje.

3) que con toda seguridad sería invitado a los almuerzos que el Embajador estaba a punto de organizar o de aceptar en honor de la Primera Dama Argentina. Esto me lo aseguró V. en la forma más terminante y con palabras y acentos de extraordinaria cordialidad y afecto que, en aquel momento, me hicieron mucho efecto.

Permítame, Reverendo Padre, que consigne con pena que ninguna de estas promesas ha sido cumplida.

Sin comentario alguno que la prudencia y amistad me vedan al mismo tiempo, aprovecho la ocasión para reiterarme suyo atto. S.S.,

q.b.s.m.

Una conversación telefónica no logró apaciguar al diplomático, que en el lenguaje de la diplomacia respondía el 25 de julio:

Después de la conversación que tuve con V. ayer por teléfono no ha ocurrido nada que pueda modificar mi opinión ni la impresión que trasmití a V. en la carta adjunta que tenía ya escrita y que confirmo.

A la recepción de ayer en el Hotel Ritz no fueron invitados los Sres. García Conde, Aguirre de Cárcer (mi hijo), Carrigues y Abaroa, todos ellos secretarios de Embajada que figuran en la lista del Cuerpo Diplomático.

En cambio, tuve el gusto de ver en el Hotel Ritz a los Duques de la Force, a la princesa de Galitzine y a otras muchas de las personas de la alta sociedad parisiense, amigas de la Embajada de España, cuyos nombres di yo muy complacido al Sr. Embajador con el fin de contribuir a dar realce a la recepción de la Excma. Señora Doña Eva Duarte de Perón.

Suyo afmo. amigo

q.e.s.m.

Las amables excusas de que me habló V. ayer por teléfono no han llegado a mí en ninguna forma.

Eva Perón había partido de la Argentina como una improvisada de la política. No tenía ideario político al partir ni lo tuvo al volver. Le pedía a su amiga Lilian Lagomarsino de Guardo que compartiera su habitación porque tenía miedo de quedarse sola, apenas dormía. Llegaba dos y tres horas tarde a todos los actos públicos, se demoraba conversando y a las insinuaciones horarias decía: "sí, sí, ya voy". Mostraba solidez en las recepciones y se quebraba en la intimidad. Se sentía una triunfadora, una heroína del radioteatro, creía que era el fin de su carrera. Pero cuando se quedaba sola, no soportaba la soledad, el silencio, no encontraba las palabras para expresarse ni para saber qué le pasaba. Estaba aterrada. El último día de España, en el Palacio de Pedralbes, agotada, ella que nunca lloraba, cayó desconsolada y entre sollozos dijo: "Que a mí, una india de Los Toldos, me hagan estos homenajes!"

Es un error histórico hacer una comparación de los dos viajes aunque hayan ocurrido el mismo año 1947, el viaje de Evita a los veintisiete años en misión oficial y el viaje de Alicia a los sesenta y dos a los Congresos por la Paz. Iban por túneles distintos, el de las relaciones de poder internacional una, el de los ideales abstractos la otra.

Cuando murió Evita, los socialistas distribuían el periódico *Nuevas Bases* en la clandestinidad. Tenían militantes presos, acusados de conspiración. Nicolás Repetto era un duro miembro del Comité Ejecutivo del Partido, implacable, siniestro según algunos, inhabilitado para enternecerse por nadie. Carlos Sánchez Viamonte decía que su risa era una mueca trágica y contaba que presos los tres con Palacios durante el gobierno de Perón, Repetto se levantaba y barría su celda, impasible, todas las mañanas. Palacios, que gozaba de trato especial, atribuía cínicamente este hábito a que afuera no lo esperaban mujeres bellas.

El periódico *Nuevas Bases* se imprimía fuera de Buenos Aires y se distribuía en operaciones arriesgadas. Cuando el número del 5 de agosto de 1952 llegó a sus manos, Alicia se enfureció con Repetto: había escrito una nota necrológica que resultó ser el elogio más ajustado y exacto que jamás se le hizo a Eva Perón.

EVA PERON

No podríamos ignorar, amparándonos en un silencio hipócrita o cobarde, la desaparición de la esposa del Presidente de la República. Es una mujer que supo hacerse de una influencia enorme y que ha gravitado en forma demasiado sensible en la obra del general Perón para que su muerte pueda ser silenciada.

La vida de la mujer hoy desaparecida constituye a nuestro juicio un ejemplo poco común en la historia. No son raros los casos de hombres de gobierno o políticos de nota que han contado para su acción pública con la colaboración, abierta o disimulada, de sus esposas, pero en nuestro caso, toda la obra del primer mandatario está tan impregnada del pensamiento y de la acción personalísima de su esposa, que resulta imposible separar netamente lo que corresponde al uno y lo que pertenece a la otra y lo que da carácter notable y principio al empeño de colaboración de la esposa fue el abandono que hizo de sí misma, de su bienestar y de su salud; su decidida vocación por el esfuerzo y el peligro y su fervor casi fanático por la causa peronista, que infundió a veces a sus prédicas dramáticos acentos de lucha cruenta y de despiadado exterminio.

Iniciada apenas en la vida política e ignorando aún el desarrollo que había de alcanzar el movimiento peronista, se lanzó a la arriesgada aventura de recorrer el mundo en aeroplano para difundir la obra y, sobre todo, el nombre del esposo.

Impuesta la obra, coronada por el nuevo triunfo de la reelección, la vimos a menos de cinco o seis semanas de su muerte, dar pruebas de resignación heroica al sufrimiento físico y al destino aciago, manteniéndose de pie en el vehículo que la transportaba durante el largo trayecto de la Avenida de Mayo. ¡Asombrosa fortaleza de espíritu y de insensibilidad física!

No es fácil separar la parte que corresponde a cada uno de los cónyuges en el esfuerzo para llevar adelante el movimiento peronista. A nuestro juicio, el mayor aporte debe ser acreditado en la cuenta de la Sra, que se mezcló a las masas para predicar con tesón inquebrantable las excepcionales virtudes y capacidades del general. Tomó a su cargo la organización política de las mujeres en un partido propio y supo orientar hacia las listas del peronismo a un gran número de las mismas, que se iniciaban recién en el ejercicio del sufragio.

Se sabe hoy cuánto ha pesado el voto femenino en el voto del general Perón. Ella se hizo cargo y llevó adelante la parte no tan vulnerable de la obra del gobierno peronista prestando trato simpático a los obreros, a los gremios, a los niños, a las familias necesitadas o en desgracia, a los que designaba cariñosamente con el nombre genérico de descamisados. Cuando se considera el aspecto social de la política del general Perón se advierte que la intervención de su esposa se impone como una fuerza de creación y de impulso que encuentra pronto sus principales órganos de acción en el Ministerio de Trabajo, en la obra de Ayuda Social y en la Confederación General del Trabajo.

Si hemos de juzgar por lo que ha trascendido hasta nosotros, no fue tan grande el influjo que alcanzó la Sra. de Perón en la orientación económica, política, militar e internacional del gobierno. Hemos de felicitarnos por ello porque, no obstante tratarse de una mujer, su aversión se exaltaba hasta el paroxismo cuando imprecaba y amenazaba a los adversarios políticos. La pasión partidista había destruido o debilitado en ella ese fondo de dulzura y generosidad ingénitos que crea en el espíritu de la mujer una natural inclinación a la armonía, a la indulgencia y a la concordia entre los hombres.

Eva Perón desciende a la tumba en medio de los más grandes honores oficiales y de un generalizado sentimiento popular sin haber alcanzado empero la realización de lo que proclamó tantas veces y fue sin duda un anhelo sincero: la pacificación de los argentinos. Nuestras cárceles rebosan de presos civiles y militares, los exiliados son legión, los funcionarios destituidos se cuentan por millares, la libertad de decir respetuosamente lo que se piensa está al arbitrio de las policías y el estado de guerra interno ha hecho del presidente de la república el intérprete y aplicador exclusivo de la Constitución. Todo esto torna aún más sombrío el luto de estos días y ahonda la pena cívica que aflige a una gran parte del pueblo argentino.

Américo Ghioldi y Alicia Moreau de Justo no apreciaron la independencia de criterio asombrosa de su compañero, un hombre que militaba activamente en las filas del antiperonismo pero no se sometía a ninguna disciplina externa a sí mismo. Tuvieron una reunión para decidir qué hacer, consternados, furiosos, en la que resolvieron retener los ejemplares, prohibir su distribución.

Muchos años después, Alicia seguía enfurecida por esta nota, pensada y escrita en momentos tan graves para el Partido. "¡Hombres!", le decía con desdén a una militante de la Juventud, "los hombres se doblegan frente a la belleza y ella ¡era bellísima!".

Asombró a las mujeres del Partido, cuando pasado mucho tiempo de la muerte de Evita dijo desde una tribuna, hablando de su rival política: "Esa mujer, cuyo pasado no quisiéramos para ninguna de nuestras hijas..."

Después del derrocamiento de Perón, Alicia y otros miembros del Partido fueron invitados a participar en la Junta Consultiva Nacional. Esta Junta de carácter simbólico, era el marco de apariencia legal que construyó y disolvió por decreto el gobierno de facto, funcionaba en la Cámara de Diputados y la presidía el Almirante Isaac Rojas. Al principio, Alicia asistía a las reuniones halagada, era la única mujer representante de uno de los partidos políticos convocados, pero al poco tiempo volvía a su casa, donde vivía con su hijo Juan y su nuera Olga, muy fastidiada. Finalmente, cuando los debates de la Junta Consultiva sobre la caducidad de las ordenanzas eléctricas y el nuevo estatuto de los partidos políticos no se ajustaron a los propósitos de gobierno, la disolvieron. Un día Rojas, con quien Alicia ya había tenido un incidente, no se sabe por qué, los reunió en un lugar que no era el de las reuniones habituales, y les dijo, sin dar ninguna explicación "señores, gracias". Alicia decía que había sido un momento muy penoso para ella.

El peronismo fue un golpe mortal para los socialistas, quienes al oponerse activamente, aliándose a los antiperonistas más reaccionarios, fueron perseguidos. Esta oposición monolítica y reactiva los fue alejando de los intereses populares, desde entonces ya no pudieron descifrarlos. Esos años de peronismo dejaron un campo minado en el partido que iría provocando divisionismos a lo largo del tiempo.

A un mes del golpe del '55, la revista *El Hogar* inició su Tribuna del Pensamiento Femenino con un reportaje a Alicia Moreau de Justo, "la insigne luchadora de la causa democrática", que respondía con indignación todavía, las humillaciones sin cicatrizar, como si el apoyo popular al gobierno de Perón sólo hubiese sido anestesia, presión e insensatez.

Si le preguntaban quiénes habían sido las mujeres que más habían hecho por la equiparación de derechos con el hombre, decía que eran las patricias y las mujeres del pueblo, y las que en la resistencia a Rosas o desde 1943 (a Perón no se lo podía nombrar) habían hecho frente a la opresión dejando bien sentada su condición de seres pensantes y bien inspirados.

Para Alicia, la política peronista era una continuación de la tan execrada política criolla.

La vieja costumbre del asado con cuero, del vino y la empanada que Perón transformó en el regalo de la casita, el automóvil y otras dádivas fastuosas deben desaparecer de nuestra política.

El voto de la mujer era otro regalo, a pesar de que Eva Perón había reiterado que se inscribía en una legislación mayor de derechos.

Hubiera sido preferible que esta conquista se hubiera demorado a haberla tenido que pagar con el paso por las horcas caudinas, como fue. Porque esas delegadas censistas que con el pretexto de censar, recorrieron el país de puerta en puerta proponiendo la afiliación, difícilmente podían ser rechazadas... Tan endeble conquista de adeptas fue afianzada luego con la dádiva: los juguetes, los alimentos, vestuario, medicinas. ¡Pensar que si un enfermo no era peronista no tenía penicilina!

La formación de un partido político femenino le parecía una idea ridícula, sin antecedentes en el resto del mundo (la referencia mundial para Alicia era obligada) a pesar de que los socialistas habían abierto centros para mujeres como antesala para acercar a las mujeres a la participación política.

Alicia, como el Partido, sentía rechazo por el personalismo, ley que se cumplía en las mismas filas socialistas y por las que habían sido sancionados Palacios y Mario Bravo.

El caudillo se desarrolla cuando el de abajo no tiene cabeza. El caudillo reemplaza a la cabeza, no aquí solamente, lo hemos visto en Alemania, en Italia. Yrigoyen era un caudillo. Era la atracción personal, siempre. No digo que eso no existiera entre los socialistas, porque yo era socialista cuando Palacios fue elegido primer diputado socialista de América, antes de la Ley Sáenz Peña.

¿Qué buscaban? Buscaban el hombre que los pudiera representar. Allí se presenta, en la especie humana, lo que aparece en la religión. ¿Qué hay en la religión, para un hombre? El encuentro de un ser superior que sabe todo, que puede todo, que lo guía, que lo perdona. Eso tiene otro nombre, otra forma, otras palabras. La oración a un santo cualquiera, para que lo cure, para que le dé trabajo, no se parece a lo que se le dice a un caudillo. Pero evidentemente el fondo anímico que guía tanto a los hombres sin que ellos se den cuenta, es más o menos igual.

Le repugnaba ese partido femenino sostenido como el masculino en el endiosamiento de Perón que fundaba Eva. La habilitación de locales electorales separados ("¡como si después de viajar en colectivo la mujer no pudiera soportar una jornada electoral junto al hombre, como si viniera de harenes y gineceos!") le parecía un retraso de cincuenta años.

Cuando le preguntaban por las causas a defender en política, decía que, recuperada la democracia, la meta era la *Buena Casa,* un concepto inventado por ella: las mujeres debían defender la misión de amas de casa, el trabajo silencioso sin recompensas.

Cuando una mujer es incapaz de hacer ninguna otra cosa sirve sin embargo para el trabajo doméstico. Se aprende rápido, es cierto, pero no es fácil. No obstante, la agobiada trabajadora hogareña, sea ama o empleada, no goza de límite de horario, remuneración, vacaciones, jubilación, seguro de accidentes, ni ninguna de las conquistas que gozan los demás trabajadores. Y a pesar de exigírselo todo, poco se ha preocupado la sociedad por prepararla para sus funciones de esposa, madre, administradora del hogar. No poco es lo que hay que andar para conseguir, aunque más no sea, la Buena Casa.

Es famosa su respuesta a la pregunta por su trabajo en el hogar, alternado con la militancia: "Ya imaginará Usted que no soy el ente híbrido que algunos suponen que es una política... como las demás mujeres guiso, zurzo, bordo."

A la irrupción violenta de la mujer en la política, que Evita había percibido como peligrosa, ella oponía un plan gradual. Primero tareas comunales, luego Relaciones Exteriores:

Asignaría a la mujer las funciones comunales. Ese sector del gobierno le permitirá afrontar los problemas que más directamente la afectan: mercados modernos, centros de atención médica, higiene comunal, suficiente energía, lugares de esparcimiento infantil, etc. De la investigación y solución de sus problemas individuales pasará gradualmente a los generales, ya que ninguno de ellos está vedado a su claro raciocinio. Digamos las Relaciones Exteriores. Con parecer algo tan abstruso y alejado de su particular interés femenino le toca directamente. Del manejo de esta rama del gobierno depende que se puedan importar máquinas para la industria y no falte el trabajo; medicamentos para la salud de la familia, intercambio cultural necesario para su propia formación y la de sus hijos; de la orientación dada a las Relaciones Exteriores depende nada menos que su país esté en paz o en guerra.

En esos días se discutía un cargo que se les imputaría a los ex legisladores que hubieran votado leyes de concentración de la suma del poder público en Perón: traición a la patria, con consecuencias gravísimas en años de cárcel, por lo que se discutía si su sanción era justa. Ella creía que no había que dejarse llevar por los sentimientos y aceptar esa sanción colectiva tan grave. Era una responsabilidad frente a las generaciones futuras para no dejar abierta la posibilidad de que volviera a repetirse. "Con la de Rosas y ésta tenemos suficiente. De nuestra conducta actual depende que no vuelva a suceder jamás en nuestra patria."

El antiperonismo acérrimo fue un boomerang que golpeó a Alicia muy duramente. Un sector del Partido llegó a ser tan recalcitrante que se transformó en antipueblo y antiobrero, actuando ya no como aliado táctico del gobierno sino como gobierno, prohibiendo las críticas a sus ministros en las páginas de *La Vanguardia*. Alicia seguía siendo muy antiperonista, e ideológicamente, en su antiperonismo coincidía con el sector al que quedó enfrentada, pero esta obsecuencia con los militares y aún con sus errores la enfurecía.

El motivo de la ruptura fue la disputa por la dirección de *La Vanguardia* que estaba en manos del muy cuestionado Américo Ghioldi. El enajenamiento había llevado a Ghioldi a dedicar el número entero del 1º de Mayo, fecha significativa para el socialismo, a Rosas y la derrota de Caseros. Alicia le había recordado el pedido del interior: *La Vanguardia* no servía para sus tareas de penetración en las masas populares. Ella consideraba que los que se habían ido del país como Américo Ghioldi, y no habían sufrido persecuciones no podían, como recién llegados, dictar normas y líneas políticas.

En una reunión del Consejo Nacional del Partido en la Casa del Pueblo el 5 y 6 de enero de 1957 se produjeron unos choques durísimos. Ghioldi se había retirado molesto del salón y alguien proclamó su solidaridad con él porque lo consideraba a Ghioldi la "expresión del socialismo". Esa era la discusión subyacente, quién representaba al socialismo. Alicia, objeto de indirectas como ésa y otras, decía que lamentaba tener tal sentido de la responsabilidad, seguir escuchando todo lo que tenía que escuchar, que por momentos era muy violento y no tomar la actitud de Ghioldi, la más cómoda: irse.

Le preocupaban los compañeros del interior, que presenciaban estas discusiones agraviantes, consecuencia de los malos hábitos de la dictadura corruptora que los habían penetrado. Esa intolerancia era el resultado de haber luchado tantos años contra la intolerancia.

Nos hemos habituado durante muchos años a injuriar en forma directa o indirecta, que es la que ustedes están viendo acá. Y cuando uno es sensible a esas cosas, cuando uno lee entre líneas lo que le está dedicado, les aseguro que se necesita mucha resistencia, mucho dominio de sí mismo para no hacer lo que ha hecho Ghioldi.

Pero ahora ella iba a relatar los hechos en esa Convención, y le hubiera gustado que Ghioldi estuviera, porque eran los hechos reales:

En la reunión de la Comisión de Prensa, Ghioldi había renunciado a la dirección de *La Vanguardia*. Cansado de las críticas, argumentaba, harto de las denuncias, estaba contento de que el voto general lo liberara. Repetto le recordó que a Justo lo habían acusado de no saber escribir y Alicia le había pedido que siguiera cinco o seis meses más pero él había respondido que estaba cansado de la falta de solidaridad del Comité Ejecutivo, acusación que Alicia consideró grave, exigiéndole que demostrara esa hostilidad. El cambio de palabras se transformó en una discusión violenta y exasperada, y Ghioldi reconoció que lo que había eran opiniones distintas. Entonces Carlos Sánchez Viamonte, el constitucionalista, propuso que la dirección de *La Vanguardia* pasara a "la doctora" y Ghioldi reaccionó violentamente.

Cuando se aplacaron los ánimos, Alicia se abstuvo en la votación por Ghioldi. Había descubierto que detrás de las amenazas de renuncia, lo que buscaba el grupo era una declaración de apoyo y le pareció revulsivo, habían estado dos horas con reticencias y negativas para conseguir eso. A esa extorsión no se iba a someter.

Y yo, por grande que sea mi respeto y mi admiración por una persona, aunque hubiera sido Repetto, a quien admiro más que a Ghioldi porque ha podido acumular sin cesar ejemplos de grandeza, eso no lo puedo aceptar y me hubiera negado de la misma forma.

Hubo un banquete de despedida de la redacción de *La Vanguardia* a Américo Ghioldi donde continuaron los tiros por elevación y agresiones. En la crónica del periódico, Alicia suprimió de los discursos toda referencia al pleito interno, para que solo figurara "la parte constructiva de la exposición", para que cuando se leyera en el futuro no apareciera sino como una cosa muy noble. Al asumir la dirección, ella había escrito un artículo donde pesaba muy bien las palabras: en la lucha, las armas a veces pasan de unas manos a otras pero nunca deben quedar vacías porque la tarea es muy grande.

En esa reunión del Consejo Nacional en la que ella había relatado los hechos tal como habían sucedido para probar que los agravios eran injustos, en su defensa también le hacía un cargo al Partido, que nunca había reconocido sus méritos.

He querido darles esta explicación para que comprendan lo que hay de verdad detrás de esas cosas tan ofensivas e hirientes para mí a los 71 años, en esta lucha que no la ha conducido a una a nada, pues no he sido ni concejal, ni diputada ni nada ni espero llegar a serlo: que he estado actuando como aficionado, jamás pensando en obtener ninguna recompensa. Y cuando se llega a esa edad, con ese esfuerzo, hiere oír decir a un compañero que me conoce desde hace tanto tiempo que somos instrumentos de grupos, de facciones, que están dentro del Partido para obtener objetivos personales.

Eran pocos y se conocían, y alguno le reprochó a Alicia sus saludos fríos. Ella pidió tiempo, tenía que metabolizar todos los anónimos que había recibido y que ahora coleccionaba para leerlos cuando fuera más vieja y pensar cuánta era la imbecilidad humana.

Esa gestión fue cuestionada en el siguiente congreso partidario de 1958, por lo poco democrático de su ejercicio: "En la actual *Vanguardia* se coquetea con temor pueril con eso que se llama masa y que no es pueblo. Se olvidan de los últimos doce años y eso es demagogia."

Los rumores sobre una renuncia colectiva la preocupaban, porque era un gravísimo error presentar la imagen de un partido que se desfondaba o hacía el harakiri cuando no hacía falta, ella podía invocar razones de edad y de salud, aún hacerse un tratamiento médico para justificar su renuncia.

Quiero decir a los compañeros del Consejo que estoy dispuesta a hacer cualquier cosa en bien del Partido.

Se comprometía a no decir una palabra en contra del Consejo ni contra los otros grupos, porque antes estaba la tranquilidad interna y la capacidad de acción del Partido. Pero no aceptaron la renuncia y ella escribió, en tiempos de Frondizi, los editoriales de *La Vanguardia,* donde se lee un compendio de su pensamiento político. Los recortes estaban enrollados sin orden, amarillos y ajados, en la Fundación que lleva su nombre, en un sobre de papel madera donde ella había escrito:

Año 1956: Acto en Caseros.

Años 70. Ocupación de la Casa Socialista, acompañada por Jorge Selser, Juan Carlos Rubinstein y Carlos Ocampo. Falta en la foto Víctor García Costa, quien relata estos hechos en el capítulo Juan.

*Alicia Moreau vota en Vicente López en octubre de 1983,
a los noventa y ocho años.*

*El encuentro con Jorge Luis Borges, organizado por el poeta Ben Molar
y el profesor Giuffré.*

Acompañó con mucha valentía en sus reclamos a las Madres de Plaza de Mayo.

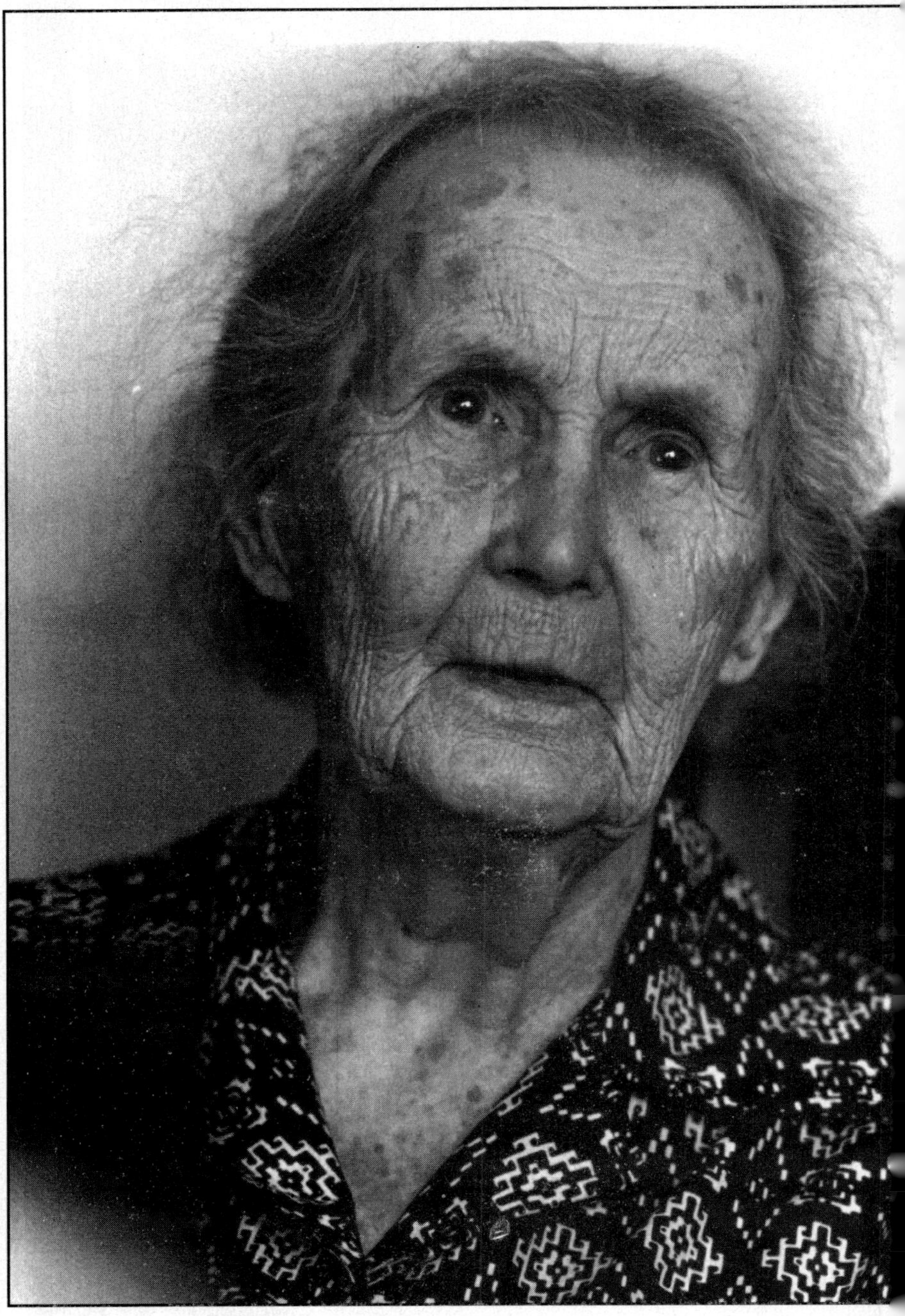

Otro retrato, a pesar suyo.

Editoriales: Son los que escribí durante mis años de dirección de La Vanguardia. *Fueron recortados por unas compañeras que querían editarlos. No sé por qué me rehusé. Probablemente un período de hartazgo.*

La unidad del Partido la desvelaba y siempre privilegió volver a unirse con el Partido Socialista Democrático a cualquier otra alianza. En marzo de 1972 le escribió una carta a un militante, haciéndole saber su preocupación por el futuro de los "desérticos" socialistas:

Dr. Edgardo Rossi
Resistencia

Mi estimado amigo: Aquí estamos, marcando el paso. No adelantan los esfuerzos que hacemos para unir a los desérticos *socialistas. ¿Cuál es la causa? Viejos resentimientos, ilusiones de* realización *personal (para emplear un eufemismo), falsa interpretación de la realidad política, etc, etc. Pienso exactamente como Usted lo dijo en su tarjeta del III/72: "O nos unimos los socialistas o no seremos nada". Esto no impedirá felízmente que el socialismo progrese en el mundo. Lástima que aquí nosotros no seamos su instrumento de realización. Las gratas visitas de Miró y después Finkelstein pudieron vencer la resistencia jerarquizada. Sin embargo hay en todos los "partidos" el deseo de hacer lo que Uds. tan inteligentemente han realizado. No pierdo la esperanza. Le ruego haga circular los papeles que le mando. Aclaran lo que queremos hacer con Acc. Soc. No tengo la dirección de Miró ni de Finkelstein.*

Saludos muy cordiales a todos

Alicia Moreau de Justo.

Pero la desunión siguió, al límite de litigar judicialmente por el nombre de Alicia después de su muerte. Un sector acusaba a otro, en el expediente 88075/82 Confederación Socialista Argentina s/reconocimiento, de conservar en su lista de autoridades como presidenta a una ciudadana fallecida.

IL BEL MORIR TUTTA LA VITA HONORA

¿Quién es Alicia Moreau de Justo?

Yo no fui nada. Fui una luchadora contra molinos de viento. Por eso no quiero homenajes. Lo único que me interesa es que quienes me conocieron me recuerden como me vieron o se imaginen que fui.

Veraneaba en el campo de su hija Lizzie cuando una noche, después de la cena, en una de las habituales discusiones políticas, su nuera María Victoria le dijo:

–Lo que pasa es que los socialistas no leyeron bien a Marx.

María Victoria y Luis tenían la costumbre de ir y volver con su perro ovejero hasta la casa de huéspedes donde dormían, conversando hasta muy tarde. En la ventana de Alicia la luz no se apagaba. Un día le preguntaron qué hacía despierta hasta esas horas. "Estudiaba a Marx", dijo suavemente. Ya había pasado los ochenta años.

Alicia nunca supo que su hijo mayor, Juan, antes de

decidir ser médico cirujano, había pensado en la marina mercante por su espíritu nómade y su gusto por viajar. Cuando le dijo que iba a seguir Medicina él notó que se ponía contenta, pero no hizo comentarios. Tampoco los hacía cuando él volvía tarde, siendo estudiante. En las hendijas de su persiana había luz hasta que él ponía la llave en la cerradura.

En cambio Luis fue poeta, noctámbulo, y bebía. Al principio Alicia luchó para evitar el alcohol en su casa pero con los años, María Victoria la convenció de que no fuera tan inflexible, que tuviera una botella de vino en la mesa cuando los invitaba a cenar. Recuerda que para una Navidad Alicia había preparado un pollo a la valenciana y no sólo tenía vino, había comprado champagne. A la hora del brindis levantó una copa, simulando naturalidad, se la tomó toda de golpe como quien toma una grapa en el estaño, y trastabilló un poco.

Ella no leía poesía pero siempre pedía sus trabajos para conocerlos, tratando de acercarse a Luis quien decía, en un trabajo sobre Octavio Armand:

La poesía, según se sabe, lleva su voluntad de permanecer en el mutable seno de las palabras hasta el extremo de inscribirse allí por medio de papel y tinta... lo hace como si de su paso por la imprenta, de su deliberado contacto con el papel y la tinta, procurara retener los aspectos más fugaces.

La vejez de Alicia fue amarga. Se había desprendido de sus propiedades y no tuvo una casa propia donde pasar los últimos años. Vivió primero en un departamento cedido por El Hogar Obrero, que dejó después de una caída, ya era corpulenta y poco ágil. Fue entonces cuando, según los testigos, su hija Lizzie quemó las naves: sus muebles y sus cosas empezaron a distribuirse entre algunos parientes. Cuando Alicia vio lo que ocurría le regaló a una de sus nueras un cuchillo y un tenedor del juego de plata, para asegurarse de que algún día ella sería la dueña del resto, porque quién iba a querer un juego incompleto.

La acogió en el departamento de Vicente López su sobrina Elena, la hija de su hermana Luisa, en un séptimo piso sobre el río, que era su gran lujo. Allí se sentaba todos las días a mirar los matices de cada atardecer desde su cuarto al oeste, donde leía *El varón domado* de Esther Vilar deduciendo que la autora no conocía *Lisístrata* ni sabía lo que era un varón domado. Su teoría era que el libro había sido escrito por una hábil oportunista envidiosa del éxito de *Papillon*.

En el departamento de Vicente López, todavía peleaban en ella la amargura y la ironía que le habían reprochado siempre, su gran defensa en medio de los accidentes de la vida: poder reír. Sólo el hombre podía hacerlo porque la risa le era propia, como decía Rabelais. El escepticismo avanzaba sobre ella, pero todavía hacía bromas a los periodistas que la entrevistaban:

—Usted tal vez quiera preguntarme cómo me las arreglé para montar en mula. Porque una mujer, según parece, tiene que estar con las piernas juntas.

—¿Necesita acercarse más? Puede hacerlo si no tiene un arma. ¿Sólo una lapicera? ¡He sabido de gente que hizo cada cosa con eso!

—¿Qué libros me prestaba Yrigoyen? Libros de Derecho. No pensará que me prestaba Boccaccio.

—¿Señora o doctora? Llámeme señora doctora abuela y bisabuela.

—¿A esa entrevista estamos invitados Borges y yo? ¡Falta Matusalén!

Leía diez horas por día, libros y tres diarios, porque estar informada era una buena forma de comprobar que estaba viva. Comía cuando su cariñosa sobrina nieta Loulou subía alimentos, porque no le gustaba cocinar ni sabía y se olvidaba la comida en el fuego, siempre más interesada en otra cosa. Hubiera preferido que existiera alguna comida que durara tres días. Había comprado una aspiradora para sacar de vez en cuando el polvo de las bibliotecas que la rodeaban en su dormitorio. Bajo una lámpara de colores que le había regalado una de las primeras pacientes en 1930 leía *El Quijote*, riéndose con el mismo entusiasmo de la primera vez. Esos libros a su alrededor no pensaba donarlos a ninguna biblioteca, que eran cementerios, quería que siguieran viviendo en la gente que los valoraba y leía, se los ofrecía a los visitantes.

A la muerte no le tenía miedo porque era lo más seguro, más segura que el nacimiento, como médica estaba familiarizada con ella. "En los nietos y biznietos uno tiene la intimidad de los tejidos, la seguridad de que la vida continúa", decía. Sólo le tenía miedo a la muerte injusta, obligada y decretada por la autoridad, por "el mandamás". Lo que quería era poder manejar ese viaje, no complicar a los otros. Esa fue una gran preocupación del último tiempo: la vida humana no debía prolongarse demasiado a menos que fuera una vida muy útil y plena. Si eso no sucedía era mejor morirse. "Lo ideal sería ganarse el derecho a morir cuando uno quiera." En cuanto a la forma, después de pensarlo, decía que quería morir escuchando el Concierto número 1 de Tchaicovsky, porque le parecía un vuelo al infinito. "Me gustaría morir escuchándolo."

La creencia en Dios era una pesada carga que el hombre se había echado encima para justificar su existencia, y ella no la sentía. Su padre, muy inclinado a estudiarlo todo, la había iniciado en el buen hábito de la duda, la permanente duda, y era agnóstica, todo lo sometía a duda. Tenía muchas dudas razonadas y por eso fundadas.

"¿Tú eres creyente, no es cierto?", le preguntaba a María Victoria. Ella en cambio tenía el espíritu del hombre de ciencia que buscaba la verdad mediante el conocimiento, creía en el devenir del hombre y en la formación del hombre del futuro. Creía en el hombre por sobre todas las cosas, a pesar de todo lo que había visto: las guerras, el nazismo. Seguía creyendo, quizás a causa de su doctrina...

Cuando Elena se enfermó, Lizzie la llevó a vivir a su estudio de abogada en el primer piso de la calle Juncal, atendida por una empleada, desde donde veía pasar a las mujeres apuradas y comprobaba cuánto habían evolucionado... Alicia pasó los últimos años mirando el mundo por una ventana.

Asómese un poco al ángulo de mi ventana, esa mujer que viene allá, jamás una mujer de mi tiempo vendría por la vereda caminando como ella. En mi tiempo las mujeres caminaban y actuaban distinto. Eran temerosas en todo y eso lo mostraban al caminar. Fíjese, esa que viene allí, podría decirse que es obesa, pero también camina por la orilla de la vereda. Camina con soltura, con alegría, no tiene vergüenza de su cuerpo. Camina con la cabeza alta...

Así se mantenía en contacto con el mundo exterior, veía pasar una cantidad de gente asombrosa y lo que más disfrutaba era la salida de los chicos de la escuela, ser testigo de esa "explosión de alegría".

Si le preguntaban por qué elegía vivir sola decía que era porque leía hasta muy tarde. Siempre fue insomne, tenía cerca su dosis nocturna de *Rohypnol* para combatir el desvelo, nada de tisanas ni manzanillas. Su vida era una rutina sólo quebrada por visitas de socialistas o reporteros, a quienes se trataba de mantener a distancia, pese a Alicia, que disfrutaba las conversaciones y los encuentros, en principio, eliminando el prolongador del teléfono.

Me levanto, me baño, me arreglo, no mucho como usted ve y después me instalo en este rincón. Veo el movimiento de la calle, la gente, la vida que corre por aquí. Y cuando empiezo a leer me abro a otro aspecto de la vida. Nunca pensé en la soledad. Mientras vivía con mis hijos trabajaba, daba conferencias, escribí varios libros. No me reduje simplemente a prepararles la comida.

Sentada en un sillón sobre una almohadilla eléctrica siempre encendida, para aliviar los dolores, preguntaba a menudo alerta:

—¿Usted escuchó un ruido? ¿Quién es?

Y los periodistas repreguntaban cuáles serían los tres deseos en cada nuevo cumpleaños.

—Que no haya más guerras. Que la humanidad deje de estar dominada por el deseo de alcanzar ganancias inútiles. Que se renueve entre los pueblos el sentimiento internacional de la solidaridad.

Cuando miraba para atrás creía ver más huecos que logros, más fracasos que conquistas, lo que no invalidaba la justicia de la lucha por difundir ciertas ideas, se consolaba. Y si no estaba en un día muy pesimista, bastaba mirar el tiempo de la Inquisición para verificar que la evolución marchaba.

Soy muy analítica y a veces despiadada conmigo misma, por eso todas estas manifestaciones de afecto por mis años no hacen más que agudizar mis dudas: ¿qué merezco yo de todo esto? Apenas miro para atrás advierto la gran distancia que existe entre lo que yo hubiera deseado hacer y lo poco que llegué a concretar.

Lizzie no pactaba en esas consideraciones, no la acompañaba dulcemente en sus inquietudes de la vejez. Era la cruel voz de la conciencia que Alicia consultaba antes de tomar alguna decisión. En 1982, el secretario general de la CGT la invitó a participar en el acto del 1º de Mayo en el estadio de Atlanta, en homenaje a la acción valiente de Alicia durante el Proceso militar (1976-1982). Alicia estaba invitada esa noche a una reunión en la casa de su amigo Arnaldo Orfila Reynal y tuvo que declinar la reunión social por la política. "¿Habré hecho bien?", le preguntó a su hija cuando regresó, delante de los compañeros del Partido que la habían acompañado. "A vos te encanta que te aplaudan", le contestó ella. Siempre hay alguien ante quien las personas se inclinan. Dicen los testigos que Alicia era débil frente a Lizzie.

Alicia Justo Moreau era el reverso político-religioso, además de nominal de su madre. Chacarera, periodista y abogada, católica y justicialista, en un breve cambio de palabras con un reportero, porque no le gustaban las entrevistas ni las fotografías, dijo por única vez que Alicia había sido una madre normal con quien había tenido enfrentamientos resueltos con monólogos. Admiraba su alto nivel moral en un mundo que era un pudridero.

En ese acto del 1º de Mayo de 1984, en la cancha de Atlanta, Alicia había compartido la tribuna con Saúl Ubaldini en una reunión de trabajadores, los que dificultaban la acción del Partido Socialista porque estaban "dominados por el peronismo". Sin embargo había sido un reencuentro muy importante para ella. Había sido una experiencia conmovedora, decía, pero allí, en la tribuna, había recordado todas las luchas de aquellos 1º de Mayo sangrientos de principios de siglo.

Aquel de la Plaza Lorea...

Estos trabajadores eran peronistas. ¿Y usted cree que eran distintos?

Los trabajadores son iguales en todos los tiempos, sufren, viven, luchan por sus familias, por sus hijos, tienen las mismas dificultades, las mismas esperanzas. No imaginan sociedades ideales y perfectas, trabajan por cada minuto de sus vidas. Por eso Juan B Justo tenía razón cuando decía que "los obreros, sinceros aún en el error; en la rebelión santos".

Este obrero que los había ignorado tantas veces, y a quien Justo, Repetto y Bravo se habían entregado en el trabajo de "elevación y tutela", pagando con aislamiento el desaire a la clase social media alta de la que algunos venían, y por eso se casaban entre ellos y formaban una extraña familia socialista endogámica.

Alicia ya no rechazaba las ideas justicialistas, a muchas las había enunciado el socialismo desde su creación. Ella seguía detestando el verticalismo, el cesarismo, el caudillismo.

Tenía la sensación de que había dedicado su vida a una causa modesta que había fracasado, porque el éxito no dependía de uno mismo sino de una infinidad de circunstancias. Marconi, o Pasteur, el hombre más importante que había existido –pese a estar dotados– no habrían podido hacer nada si hubiesen nacido veinte años antes.

Cuando Pasteur emprendió la difusión de la bacteriología muchos no lo habían entendido, le habían puesto obstáculos: ahora nadie se atrevía a discutirlo, la bacteriología era una rama de la ciencia. El terminó por imponerse porque manejaba grandes verdades. Pero a ella la experiencia le había enseñado que no era bueno adelantarse a las cosas porque lo único que se recogía era incomprensión.

Y si se preguntaba para qué había luchado, creía que podía simplificarlo diciendo que había luchado para que el hombre fuera libre. Las mujeres, sin embargo, todavía no habían reformulado la relación entre sus tareas como feministas y la conservación de la vida, clave de la paz. La entristecía todo lo que podía hacerse y no se hacía. En ciertas épocas las mujeres habían influido en contra de la guerra y el armamentismo, los prejuicios. ¿Sería en *Lisístrata*? ¿Confundía ficción con realidad?

Su pesadilla era la guerra. Los muertos, heridos, mutilados y destrozados que imaginaba. Había una tercera amenaza y ella comprobaba que el hombre había evolucionado poco en moral. La industria bélica era la más poderosa del mundo, la más importante comercialmente y la fabricación de armamento se había convertido en una ciencia, en un triste arte.

Siendo joven, en Mar del Plata, había visto salir a un hombre joven y fuerte de un tiro de palomas. No tenía cara de asesino pero había algo perturbador en su mirada, una satisfacción profunda. Era un hombre que ya no tenía necesidad de matar para vivir, pero en él permanecía viva y subterránea la fuerza del salvajismo. "Los que luchan por la paz, al cabo creen que han perdido el tiempo", decía. Si se tomaba un mapa y se señalaba con una crucecita todos los lugares donde había lucha, del norte al sur, en todas partes había. En Africa, donde la naturaleza presentaba problemas a los mismos que luchaban ¿quién veía la realidad? Y la utopía a veces aparecía como una distorsión.

La lucha social no debía dirimirse por la destrucción, había un concepto más elevado que era el de evolución y transformación y allí estaba la fuerza conductora del perfeccionamiento del hombre.

Ella había predicado la paz, ¿alguna vez sería posible? Ella la buscaba porque la deseaba, pero en cuanto se filtraba el realismo, lo que se deseaba sólo era un ensueño. La realidad era tan vulgar.

Los deseos podían encarnar apenas en un pequeño grupo de seres humanos. La gran masa que saludaba, que a veces se ponía de rodillas en el suelo, demostraba que los ensueños tenían algo de verdadero y mucho de ficción. Comprender la realidad que estaba allí, que uno no había creado y compararla con la que se soñaba y buscaba con pasión era un contraste que, dolorosamente, había que aceptar.

Es difícil la vida que se hace buscando un ideal. He trabajado siempre en compañía de idealistas, empezando por mi padre que lo fue en su juventud, lo continuó siendo aquí... ¡Yo lo he visto penetrar en lugares tan distantes y tan distintos de lo que él deseaba! Pero seguía adherido a su ensueño de juventud. A veces teníamos discusiones o conversaciones porque yo no encontraba en la realidad lo que él pretendía. Es difícil despertar a esa realidad porque es amarga.

Ya no creía como antes, cuando le decían soñadora, que se iba a morir soñando. A veces ocurría que un joven que había creído en el acercamiento y el entendimiento de los seres humanos para evitar el dolor inútil, gente que parecía dispuesta a cualquier sacrificio para hacer realidad lo que había soñado, daban la espalda. Jóvenes idealistas, enamorados de algún escritor, de algunas palabras, que se alejaban cuando era posible concretarlas. Había conocido esos procesos. Cuando la desilusión llegaba en la juventud era muy penoso. Ella deseaba que todo hombre pudiera, en algún momento de su día, creer que esos altos ideales eran lejanos pero no imposibles, para que en lugar de disminuir su entusiasmo lo aumentara. Un día llegó a su casa Elisa Rando, una militante de la Juventud Socialista, con una revista que publicaban. Buscaban su opinión, su juicio. Cuando se despedía, Alicia le pidió que esperara y fue a buscar una suma muy alta de dinero a su dormitorio. Elisa no quería aceptarla pero Alicia la venció, decía que era muy importante que la llevara. Le preguntó qué le faltaba hacer el resto del día. Una infinidad de reuniones. Entonces le trajo un vaso de leche y le dijo: "No corra tanto."

El encuentro entre Alicia y Borges en el departamento de la calle Juncal lo organizó Ben Molar, el poeta y letrista de canciones populares. Borges lo visitaba desde 1965 en su estudio de San Martín al 600, un edificio antiguo, con entrada para carruajes, donde subía los veinticuatro escalones con paso tranquilo, tanteando con el bastón. A veces había muchos músicos, cantantes, *disc-jockeys* y Borges se sentaba a esperar en un banco del jardín. Ben Molar suspendía todo, lo hacía pasar a tomar café, y Borges le pedía que pusiera milongas en el tocadiscos, con acompañamiento de guitarras. Algunas tardes salían a caminar más de veinte cuadras, tal como el médico le había aconsejado, conversando. Borges siempre quería seguir escuchando las historias nocturnas del café Germinal y el Marzotto, la anécdota del encuentro entre Gardel y García Lorca en el teatro Smart. En uno de los almuerzos en el Dorá, en la Emiliana, tal vez en Edelweiss, Ben Molar le preguntó si quería conocer a Alicia, y Borges aceptó.

Ben Molar visitaba a Alicia todos los miércoles. En un té de los miércoles de la calle Juncal, que ella esperaba con impaciencia, ya le había preguntado a Alicia si lo conocía, si quería encontrarse con él. Y ella había dicho:

Esa invitación es para mí un verdadero regalo. Soy una admiradora de Borges, no porque sea una admiradora de los poetas, los poetas muy a menudo emplean demasiadas palabras, pero soy admiradora de su capacidad vital... Otros, con la celebridad que tiene, con los admiradores que lo rodean, podrían simplemente hacer eso, dejarse admirar. El sigue viviendo, viviendo como un hombre que con su imaginación y sentimiento sólo es capaz de vivir. Si ese encuentro se produce yo seré muy feliz.

Borges y ella quedaron retratados mirando cada uno para su lado. Eran pudorosos y se sentían un poco incómodos en este "iluminado té", como titularon los diarios. Se encontraban recién entonces, viejos, ella confesando que no había conocido a Groussac porque debido a su inclinación a las ciencias naturales, la literatura le era un poco ajena. El, respondiendo a una broma que le hacían sobre llevarla esa noche al cabaret, diciendo que jamás había podido bailar. Con testigos y *flashes*.

Borges dijo, vacilante: "Me siento tan honrado de estar aquí. Es un milagro." Y Alicia, fiel a sí misma, respondió:

¿De veras? Si a mi edad, cerca de los cien años, tengo el agrado de encontrarme con Borges pienso que no es un milagro. No ha venido de arriba, sino que es obra de nuestros amigos.

El hombre era perfectible a través de la educación. No creía que los gobiernos la evitaran a propósito, por criminal, pero para los gobernantes la educación era prioridad en sentido estadístico: tantas escuelas, cantidad de analfabetos. Para Alicia el único que podía juzgar la educación era el educador, que no tenía un lugar, como el creador, el sabio, el estudioso. En la Argentina no había una atmósfera que pudiera respirar un gran hombre. "Sarmiento, Belgrano, Moreno, Rivadavia serían acusados de comunistas o agentes extranjeros." A los noventa años leía un libro de Jonas Salk y se preguntaba cómo no se había decretado feriado el día de la visita de Sabin, cómo no se lo había saludado con los honores que él merecía. Nadie había salido a la calle a ovacionarlo y eso era muy triste y doloroso. "Diga que una termina sobreponiéndose también a las injusticias. Es la ventaja de vivir tanto. Una se vuelve muy indulgente."

Cuando el cronista daba vuelta la cinta en el grabador, ella pensaba que sería bueno poder hacer lo mismo con la vida, cambiar al otro lado y empezar de nuevo. No claudicaba en las respuestas con tontería senil, feliz no era la palabra, había tenido momentos en los que se había sentido armónica con su matrimonio y con sus hijos. Sólo ciertas cosas de la vejez le habían gustado, pero no pensaba arrodillarse ante los cien años, decía, ni especular.

Hablar del pasado: las dificultades para seguir la carrera de Medicina, los días de cárcel en tiempos del peronismo después del levantamiento militar de Menéndez... Nunca. Quería hablar en lo posible de cosas contemporáneas y más de futuro. Le había interesado mucho informarse sobre la organización social de los japoneses, que estaban desplazando en algunas industrias a Estados Unidos. Le hubiera gustado conocer Japón, ¿por qué no iba? Decía suspirando que no iba porque para hacerlo tendría que aprender japonés.

A veces le traían noticias o chismes del exterior, de la calle, todavía se le decía a una mujer que manejaba que se fuera a lavar los platos, como en sus tiempos, y no lo podía creer. Lavar los platos no era algo indigno. Lo que les querían decir los hombres a las mujeres era que no salieran de la cocina para que ellos no tuvieran que entrar.

No quería que le tomaran fotos. Antes de la negociación exponía toda su teoría sobre el arte de la reproducción mecánica: la fotografía era un progreso de la civilización, contribuía al mutuo conocimiento de la especie, fin último de la civilización, "y nos civilizamos cuando nos conocemos". Pero a ella y sus cuatro mechas locas, con la piel cansada y vieja, no. Y menos un retrato tomando mate cocido, no quería que eso pareciera después una reunión de comida, quería que reflejara una reunión de estudio al servicio del conocimiento humano. Accedía siempre por respeto al trabajo del fotógrafo, el torturador, que ya no podía obtener de ella nada lucido.

En la vejez reverenciaba lo bello tanto como el conocimiento científico. En su juventud, ser tuerta, jorobada y fea hubiera sido una ventaja para movilizarse, el camino hubiera sido más sencillo.

Por ser mujer tampoco había podido dedicarse a otra

especialidad que no fuera la ginecología. Y tampoco había podido conducir el Partido, en esos tiempos, aún en el socialismo, ser mujer era una limitación. La habían criticado mucho, se rieron de ella, pero no se arrepentía de nada, creía que lo suyo, enseñar, había que seguir haciéndolo.

¿Para qué gasta tantas fotos en sacar la cara de una vieja fea? Si hubiera sido a los 18 años, recibía elogios por mi cara. Era linda sin mentira, sin retoques, sin afeites.

Decía que la coquetería era imposible cuando se sentía la decadencia de la vejez. Había perdido mucha fuerza, mucha capacidad de trabajo. Cercana a los cien años, después de cincuenta minutos de grabación, preguntó en esa voz dulce y muy precisa que no había perdido: "¿no podemos terminar?" Entonces vino la explicación de sus miradas de reojo y dijo: "Yo me pregunto por qué tengo una barba blanca. Miro eso (el monitor) mientras hablo y me pregunto: ¿pero yo estoy tan vieja que hasta la barba me sale blanca?" Es el reflejo, le dicen. "¡Ah!"

Su vida era tan austera como siempre, recibía su magra jubilación de docente. No podía pagar una entrada al Colón para ir a ver a Maia Plissetskaia, le decían que bailaba maravillosamente. Admiraba a Fellini y a Bergman, pero tampoco iba al cine, como solía hacer con su nuera Olga, la mujer de Juan, con la que iba al Lorraine a ver películas de Jacques Tati, de la *nouvelle vague*.

No iba a la peluquería, jamás había hecho "eso" en su vida. Ni le había importado la ropa. "Siempre me vestí porque no había más remedio". En las épocas de dirección de *La Vanguardia*, cuando recorría los talleres, su gabardina negra arratonada se confundía con los delantales grises de los tipógrafos. Se había adelantado a la moda porque siempre había usado polleras largas. El pantalón le parecía una prenda muy práctica pero nunca se había decidido a comprarse uno, le daba lástima desechar las polleras porque estaban buenas. Cuando Loulou, la hija de Elena Champion de Theflenco, le regaló un paraguas negro con mango de caña marrón o una frazada floreada para su cama o una *robe* negra con diminutas flores rosadas, las tres veces dijo: "¡Yo no voy a usar eso!" Pensaba que el ser humano le daba a su vestimenta una importancia muy grande porque estaba desnudo.

Si la naturaleza hubiera cubierto el cuerpo del hombre de plumas o de pelos o de escamas, los modistas no tendrían nada que hacer. Es en la vestimenta que se ven las diferencias sociales, el hombre que se pone una corona es el rey.

Su vejez fue valiente y rebelde. Fue una de las fundadoras de la Asamblea Permanente de los Derechos Humanos en 1975. Esa vieja militancia suya por los derechos humanos ya la había probado antes. En 1973, llamó a Eva Giberti por teléfono un día que la campanilla de su casa había dejado de sonar: su hijo Hernán estaba detenido sin paradero. Unos años antes, Alicia la había ido a escuchar en una conferencia y le había dicho a la salida: "Quería saber qué decía una psicóloga sobre la mujer, como yo soy médica. Pero me hubiera gustado que se refiriese más a la mujer y la política." De eso hablaban en septiembre de 1973.

–Soy Alicia Moreau de Justo. Quiero hablar con usted. ¿Qué noticias tiene de su hijo?

–Ninguna, doctora.

–Mire Eva: Usted sabe quién soy y lo que pienso acerca de "la Bestia". Conoce mi línea como opositora. Eso ahora no importa. Si usted quiere, yo voy a ver a "la Bestia" y le pido por Hernán; le pido por un joven de veinte años que se ha equivocado. Seguramente me va a escuchar.

La Bestia era el Presidente Perón.

En los primeros meses del Proceso Militar, el obispo Jaime de Nevares convocó a ocho o diez personas a una reunión en el sótano de la Iglesia San José para conversar sobre aquellos días tan graves. El terror de Estado había empezado y se preguntaban quién podía enfrentarlo sin correr riesgo de muerte. "¿Qué hacer? ¿Qué hacer?", decía Alicia. Solía reflexionar en voz alta, hacerse preguntas retóricas, involucrar a todos en el interrogante. Alguien dijo que había que organizar a las madres, ellas eran las únicas que podían salir a reclamar. Alicia abrió los ojos, no mucho porque eran muy chiquitos, y dijo: "Es una buena idea". Muchos asistieron a su invención del pañuelo blanco como símbolo, la ronda de Madres de Plaza de Mayo, que ella acompañaba con el bastón que tanto le molestaba usar, a veces alzada por dos personas soporte. En una foto, la policía dispersa a los manifestantes y ella está parada, enfrentándolos, como un halcón.

En esos años su casa fue un polvorín de documentación sobre los desaparecidos, de reclamos, de reuniones prohibidas. Eran años que la habían amargado. Una noche en pleno Proceso, la periodista Blackie la invitó a una reunión en su casa. Cuando llegó y vio que era una reunión un poco fastuosa, decidió retirarse. Estaban pasando cosas demasiado graves como para participar de una frivolidad. En las manifestaciones de las Madres o Abuelas a veces cantaba en secreto el himno nacional, la tragedia la había hecho olvidar la Marsellesa. Se decía a sí misma "libertad, libertad".

Siempre creyó que las madres amaban más a sus hijos que los padres. Ellos se indignaban por esta idea que estaba sostenida en cuestiones anatómicas y fisiológicas. La madre sentía al hijo mucho antes en su vientre y el nacimiento le costaba más físicamente, pese a eso, llevaba el nombre del padre. Admiraba a las Madres, cuando le rendían homenajes decía que ellas merecían el tributo, porque se habían plantado frente al despotismo y habían sido más fuertes, lo habían vencido. Cuando se supo que los desaparecidos no iban a volver, no vio otra salida que la verdad porque, preguntaba: "¿eso se puede borrar de una historia?". Había que decir toda la verdad. Iba a ser un momento tremendo, doloroso, pero no había nada peor que la incertidumbre.

Tengo la sensación de haber vivido un período de barbarie, y lo siento cuando leo todo lo que han sufrido esos seres en tales circunstancias, siendo torturados y sufriendo la desaparición de sus hijos... Creo que no nos damos cuenta pero todos fuimos cómplices.

Armand fue una presencia extraordinaria en aquellas entrevistas finales, su espíritu parecía sobrevolar siempre en sus menciones y referencias. Ser mujer para ella nunca había sido una culpa ni una carga gracias a su padre, quien había logrado que el sexo fuera un buen aprendizaje, a través de sus libros, un aprendizaje sin miedos desde la primera menstruación, ese momento difícil de transformación sexual, cuando habló mucho con sus padres. "¿Le has hablado a tu hija de la menstruación?", le preguntaba a su nuera María Victoria cuando su hijita tenía todavía siete años.

Insistía a quien iba a verla, ya un poco reiterativa, que tuviera conversaciones francas con los hijos, a veces pensaba que ella y su ocasional reportero no eran más que dos mediadores entre su padre Armand y los hijos del visitante.

Sabe, este encuentro nuestro ha sido en realidad el encuentro de mi padre con sus hijos. Este encuentro está sirviendo para que nosotros mediante, mi padre le envíe un abrazo a los dos hijos de usted. No olvide darle a sus hijos el abrazo de mi padre.

Si la vejez a veces le resultaba entretenida era porque no pensaba en ella, pensaba en el conocimiento profundo de las cosas, vivía en la permanente discusión de las ideas. "Con eso parece que me he entretenido bastante." Detestaba la incapacidad física, la memoria débil, la necesidad de un lazarillo.

Una visita que la inquietó fue la de Danielle Mitterand, la mujer del Presidente de Francia, en 1984, que resultó ser una invitada muy amistosa. Le contó cómo lo había conocido a su futuro marido François a los diecisiete años, cuando era una militante activa de la Resistencia y él un joven abogado perseguido por la Gestapo que reportaba al gobierno de Francia libre en Londres. En un acto de servicio, ella lo había escondido en un pequeño departamento parisino. Tenía unos bigotes que luego fueron bautizados "a lo Morland", como su nombre de guerra. Se vieron tres veces y se casaron.

Danielle decía haber heredado de su madre el aspecto físico y de su padre el amor por las cosas sencillas y la discreción, y de los dos el socialismo, como Alicia, a quien quiso explicarle los planes de capacitación y reconversión industrial que el socialismo había puesto en marcha.

Tenían el desvelo común de la paz. Danielle era optimista, ya nadie podía ser tan insensato y tirar la bomba atómica, creía que el peligro de una guerra nuclear se había alejado. Alicia no pensaba igual, le dijo: "Las cosas se fabrican para usarlas. Si cada potencia se preocupa por producir el arma más mortífera para precaverse, la guerra nunca estará demasiado lejos."

Le regaló su libro *Juan B. Justo y el socialismo* y se lo dedicó a François, después de disculparse con la visitante· "Cuánto hubiera deseado que mi padre que era francés hubiera podido ver que la presidente de Francia vino a visitarme", le dijo. "Hasta siempre *madame.*"

Un día, Lizzie y Olga hicieron los trámites para internarla. Tomó con mucha dignidad su mudanza al asilo. Esperaba que la pasaran a buscar sentada en una cama y murmuró: "En un momento hay que agachar la cabeza como un pollo y esperar el golpe en la nuca". Por fin, fue al Asile de Vieillards de la Sociedad Filantrópica Francesa del Río de la Plata, en Parque Centenario.

Su hijo menor se oponía a internarla, hablaba de desistir de esas maniobras criminales. Una extraña teoría sobre lo ennoblecedor que podía ser el sufrimiento para alguien que había vivido entre homenajes la condenó. Alicia había hablado de la sordidez de los asilos un tiempo antes, al referirse a los jubilados a quienes no les alcanzaba su pensión y se veían obligados a vivir en asilos sometidos a reglas que ellos no habían dispuesto, a una alimentación, a una compañía... el arribo a esa condición debía ser muy duro. Pero su estado físico hacía casi imposible que viviera sin atención permanente.

Ingresó el 23 de diciembre de 1985 y en ese asilo pasaría los últimos meses hasta mayo de 1986, hasta unos días antes del 12, el de su muerte en el Sanatorio Antártida. El último 24 de diciembre, su sobrina Elena y sobrina nieta Loulou la habían visitado. Llevaron dos sidras chicas y un pan dulce. Les pidió que hablaran bajo porque podían escucharlas, como si fueran tiempos de persecución política. Tal vez desconfiara de ese lugar extraño, donde no conocía a nadie. Conservaba una fina lucidez para analizar algunos hechos que a esa edad podían encontrarla vencida. Cuando el Secretario de Cultura de la Municipalidad Pacho O'Donnell la llamó personalmente para ofrecerle la distinción de Ciudadana Ilustre de la Ciudad de Buenos Aires dudó mucho, preguntó: "¿le parece?", sugirió que no iba a asistir a la ceremonia, y finalmente le dijo: "¿Y eso a quién le conviene más, a usted o a mí?".

A los periodistas les decía que el jardín cercano le daba paz, reposo.

Me gusta muchísimo estar en esta casa, esto me permite una nueva comunión con la naturaleza.

Las plantas, que fabricaban esas hojas maravillosas, la vida que la rodeaba en ese jardín, eran una prueba de que la guerra que la destruía era la contradicción más hiriente. A la tarde recibía allí a los amigos del Partido, con quienes conversaba sobre las novedades del socialismo. Todavía leía el diario todas las mañanas, buscando antes que ninguna otra, las noticias sobre la paz y el desarme. De madrugada, salía a caminar por los pasillos y el hall para encontrar a alguien con quien conversar. Ya no podía subir escaleras ni levantar objetos pesados, pero podía recordar. Confesaba algo muy privado: "Creo que si no pudiera recordar, jamás me acostumbraría."

Pasó los últimos meses en una pequeña habitación con baño privado, sobre la mesa había libros subrayados: *La religiosa* de Diderot, *Los asesinos están entre nosotros* de Wiesenthal, un florerito con jazmines del cabo y caramelos de fruta. Usaba un tapado demasiado grande, las zapatillas de abrigo y medias de algodón, encorvada sobre el plato de sopa pero impidiendo violentamente que Elida, la enfermera le sonara la nariz en el último retrato que ya no descubrió que le tomaban. Seguía peleando con las enfermeras, con su hija, los médicos. Había olvidado datos y fechas pero no había perdido la sagacidad, la picardía, la respuesta rápida. "Me hubiera gustado ser contemporánea de Sócrates", decía.

Ya en los últimos meses se sentaba, apenas cubierta por una enagua frente a la puerta, un poco ida, esperando a alguien.

AGRADECIMIENTOS

A Loulou Theflenco, quien conversó muchas veces conmigo y cedió generosamente las fotos para el cuadernillo.

A Elisa Rando y María Victoria Suárez.

Al doctor Juan Justo, quien con sencilla cortesía me habló de su madre.

A Nicolás Iñigo Carrera, hijo de Sarita Justo, la hija menor de Mariana Chertkoff y Juan B. Justo.

A Víctor García Costa, infinitamente consultado en su refugio donde obtuve la información y los más importantes documentos de este libro.

A Miguel Unamuno, hijo del dirigente socialista Juan Unamuno y director de la revista *Desmemoria*, un generoso colaborador.

A Emilio J. Corbière, quien me hizo llegar libros y artículos clave en cuanto le llegaron de Europa.

A Lita Stantic, por acercarme el video de una de las últimas entrevistas y a su secretaria Patricia.

A Horacio Salas.

A Ben Molar.

A Dardo Cúneo y señora.

A Carlos Anselmi.

A Susana Viau.

A Renée Salas.

Señor Castro de la Biblioteca del Hogar Obrero en la calle Moreno.

Sociedad Luz.

Fundación Alicia Moreau de Justo.

Biblioteca Juan B. Justo.

A mi madre.

A mi amiga y editora Paula Pérez Alonso.

Al querido Padre Hernán Benítez.

A Carlos Cattuogno.

8 de agosto de 1994

Estimada Dra. Alicia Justo Moreau

Le envío por segunda vez unas líneas a esta casilla de correo, cuando ya es probable que su hermano le haya adelantado el motivo que llevan.

Escribo una biografía de su madre que me propusieron en Editorial Planeta para su colección Mujeres Argentinas. Hay una parte de su vida, no la íntima sino la familiar, que se me oculta como en cualquier investigación de la vida de un socialista. Esto me lleva a pedirle una entrevista. Sé que usted ha tomado posiciones políticas independientes de la tradición familiar y me gustaría conversarlo porque el trabajo intenta ser serio y con información veraz más que parcial: si una biografía no muestra los contrastes será una apología.

Le agradecería mucho una respuesta a los teléfonos...

La saluda

MARTA CICHERO

20-8-94

Estimada Sra. Cichero:

Ante todo debo aclararle que utilizo su misma carta para poder puntualizar con más claridad los distintos temas de la misma.

1) No entiendo qué quiere usted decir cuando afirma que una parte de la vida de mi madre "se me oculta como en cualquier investigación de la vida de un socialista". ¿Alguien le oculta a usted información o usted no ha podido obtenerla?

2) Nada tiene que ver mi posición ideológica con mi relación familiar. Nada hay que conversar, por lo tanto. Tampoco creo que la información que usted ha recibido de mi hermano pueda estar influida por razones políticas. Supongo que la información que usted ya tiene es veraz y no parcial.

3) No sé si usted utiliza la palabra "apología" con su sentido originario de defensa o con el traslaticio de elogio.

4) Creo que usted debe insistir ante mi hermano para que él le proporcione los datos, que quizás usted no tenga, que le permitan cumplir con su tarea acabadamente.

5) Lamento el mecanismo que he debido adoptar para responder a su carta pero dado que vivo en el campo y sin teléfono este procedimiento me ha parecido el más adecuado.

Saludo a Ud. muy atte.

Alicia Justo

BIBLIOGRAFIA CONSULTADA

Barthes, Roland. MICHELET. Fondo de Cultura Económica, 1988.

Camaña, Raquel. EL DILETTANTISMO SENTIMENTAL, con prólogo de Alicia Moreau. La Cultura Argentina, 1918.

Coca, Joaquín. EL CONTUBERNIO, Memorias de un dirigente obrero. Ediciones La Campana, 1981.

Corbière, Emilio J. Sociedad, Movimiento Obrero y luchas femeninas en el discurso obrero socialista y anarquista 1910-1930.

Cublier, Anne. INDIRA GANDHI. Guadarrama, 1970

Del Valle Iberlucea, Enrique. DISCURSOS PARLAMENTARIOS. Editorial Sempere, Valencia.

Dickmann, Enrique. RECUERDOS DE UN MILITANTE SOCIALISTA. La Vanguardia, 1949.

Engels, Federico. LA SITUACION DE LA CLASE OBRERA EN INGLATERRA. Editorial Futuro, 1946.

García Costa, Víctor. ALFREDO PALACIOS. Centro Editor de América Latina, 1986.

Giusti, Roberto. VISTO Y VIVIDO. Losada, 1965.

Henault, Mirta. ALICIA MOREAU DE JUSTO. Centro Editor de América Latina, 1983.

Martin, Ralph. GOLDA MEIR. Gedisa, 1990.

Mateo Avilés, Elías. MASONERIA, PROTESTANTISMO, LIBREPENSAMIENTO Y OTRAS HETERODOXIAS EN LA MALAGA DEL SIGLO XIX. Diputación Provincial de Málaga, 1986.

Meir, Golda. AUTOBIOGRAFIA.

Molar, Ben. FINAL. Ediciones El pez del pez, Buenos Aires, 1994.

Moreau de Justo, Alicia. QUE ES EL SOCIALISMO EN LA ARGENTINA. Sudamericana, 1983.
Moreau de Justo, Alicia. JUAN B JUSTO Y EL SOCIALISMO. Centro Editor de América Latina, 1984.
Moreau de Justo, Alicia. LA MUJER EN LA DEMOCRACIA. El Ateneo, 1945.
Moreau de Justo, Alicia. DEMOCRACIA Y EDUCACION, Unión Mujeres Socialistas.
Moreau de Justo, Alicia. DOÑA JUANA PUEBLO Y LA COOPERACION LIBRE. Ciudadana, 1957.
Perón, Eva. DISCURSOS COMPLETOS. Editorial Megafón, 1985.
Pinedo, Federico. EN TIEMPOS DE LA REPUBLICA. Mundo Fornese, 1946.
Repetto, Nicolás. MI PASO POR LA POLITICA. Santiago Rueda, 1957.
Sanguinetti, Horacio. LOS SOCIALISTAS INDEPENDIENTES. Editorial de Belgrano, 1981.
Sapriza, Graciela. MEMORIAS DE REBELDIA, Siete historias de vida. Puntosur, 1988.
Scobie, James. BUENOS AIRES DEL CENTRO A LOS BARRIOS 1870-1910. Solar, Hachette.
Sociedad Luz, GUERRA AL ALCOHOLISMO.
Solari, Juan Antonio. BIOGRAFIA DE ENRIQUE DEL VALLE IBERLUCEA, Editorial Claridad.
Spada, María C de. FENIA CHERTKOFF, 1933, con discurso de la doctora Alicia Moreau de Justo.
Triana, Alberto. MASONERIA. Historias de Los Hermanos Tres Puntos. Buenos Aires, 1958.
Vazeilles, José. LOS SOCIALISTAS. Jorge Alvarez, 1968.
Weinstein, Donald. JUAN B. JUSTO Y SU EPOCA. Fundación Juan B Justo, 1978.

TODO ES HISTORIA

Recalde, Héctor. PROSTITUTAS REGLAMENTADAS 1875-1934. Nº 285, marzo de 1991.
García Costa, Víctor. GENIALIDADES Y CONTRADICCIONES DE ALFREDO PALACIOS. Nº 233, octubre de 1986
LA MUJER EN LA VIDA ARGENTINA, Nº 183, agosto de 1982.
LOS RIESGOS DE SER MUJER, Nº ESPECIAL 285, marzo de 1991.
Reyna, Mariano. LA MASONERIA ARGENTINA, mitos y realidades. Nº 186, noviembre de 1982.
Giorlandini, Eduardo. UNA HISTORIA NEGRA: LA LEY DE RESIDENCIA. Nº 226, febrero de 1986.

Giudici, Ernesto. CLARIDAD EN LA DECADA DEL 30. Nº 172, septiembre de 1981.
Barcia, José. CLARIDAD, UNA EDITORIAL DE PENSAMIENTO. Nº 172, septiembre de 1981.
Ford, Aníbal. DARWIN, FITZ ROY Y LA POLITICA INGLESA. Nº 202, febrero de 1984.
Chávez, Fermín. SARMIENTO SPENCERIANO. Nº 173, octubre de 1981.
Corbière, Emilio J. ¿FUE JUAN B. JUSTO POSITIVISTA? Nº 173, octubre de 1981.
Santomauro, Héctor. LOS POSITIVISTAS ARGENTINOS. Nº 173, octubre de 1981.
Biagini, Hugo. REEXAMEN DEL POSITIVISMO EN LA ARGENTINA. Nº 173, octubre de 1981.
Corbière, Emilio J. JUSTO Y LA CUESTION NACIONAL. Nº 62, junio de 1972.
Orione, Julio y Rocchi, Fernando. EL DARWINISMO EN ARGENTINA. Nº 228, abril de 1986.
Feijó, María del Carmen. GABRIELA CONI: LA LUCHA FEMINISTA. Nº 175, diciembre de 1981.
De Diego, J.A. PRONTUARIO DE LA PATOTA PORTEÑA. Nº 101, octubre de 1975.

PUBLICACIONES

NUESTRA CAUSA
CIUDADANA
VIDA FEMENINA
HUMANIDAD NUEVA
LA VANGUARDIA

CONSEJO NACIONAL DEL PARTIDO SOCIALISTA, 5 Y 6 DE ENERO DE 1957. Versión taquigráfica de las deliberaciones en la sede de la Casa del Pueblo.

ANUARIO SOCIALISTA 1938:
Juan B. Justo. Algunos recuerdos de su estada en Los Cardales, de Alicia Moreau de Justo.
Testamento de Juan B. Justo.

ENTREVISTAS

Blas Alberti. Ediciones del Mar Dulce, 1985.
Rodolfo Braceli, PLURAL, 1985.

Nelly Casas, en un video dirigido por Clara Zappetini y producido por Lita Stantic, 1984.
Adriana Casenave y Ubaldo Nicchi, LA NACION, 1982.
Emilio Corbière, TIEMPO ARGENTINO, 1985.
Silvia Fesquet, 1984.
Dionisia Fontán, SIETE DIAS, 1975.
Eva Giberti, Julio Huasi, Adriana Puiggrós, EL PERIODISTA DE BUENOS AIRES, 1985.
Emiliana López Saavedra, REDACCION, 1975.
Manuel Peralta, FLASH, 1985.
Mariano Perla, NOTICIAS GRAFICAS, 1946.
Jaime Potenze, LA NACION, 1984.
Ana Rovner, EL HOGAR, 1955.
Renée Salas, GENTE, 1973 y 1985.
María Amelia Torralba, 1983.
Carlos Ulanovsky, CLARIN, 1984 y 1985.

INDICE

Esta edición
se terminó de imprimir en
Compañía Impresora Argentina
Alsina 2049, Buenos Aires
en el mes de diciembre de 1994.